다창

몽골불교사원의 중심

일러두기

|

이 책은 다음과 같이 표기한다.

1. 외래어는 외래어표기법에 따랐으나 인명, 지명 등의 독음은 원어 발음을 존중해 그에 따르고, 관용적인 표기와 동떨어진 경우 절충하여 실용적인 표기로 하였다.

2. 단행본 · 전집 등은 겹낫표(『 』), 논문 · 단편 등은 홑낫표(「 」), 그 외 TV 프로그램, 예술 작품 등의 제목은 홑화살괄호(〈 〉)로 표시하였다.

3. 직접적으로 인용한 부분은 큰따옴표(" "), 재인용이나 강조한 것은 작은따옴표(' ')로 표기하였다.

4. 본문에 삽입된 이미지 중 기출간된 저작물의 이미지는 원저자의 동의를 얻어 수록하고 출처를 밝혀 두었다.

다창

몽골불교사원의 중심

김경나 지음

씨
아이
알

들어가며

흔히 '몽골'하면 드넓은 초원 위 가축들, 그리고 유라시아를 제패했던 칭기즈칸Chingiz Khaan 을 떠올린다. 몽골의 유목과 13세기 역사에 대해서는 인지하지만 현재 몽골인들의 문화 바탕에 어떠한 종교가 자리 잡고 있는지에 대해서는 대부분 낯설어 한다.

17세기부터 20세기 초까지 몽골은 불교 국가였으며, 당시 몽골의 모든 일은 불교사원을 중심으로 이루어졌다. 몽골에 사회주의가 들어서면서 1938년 종교탄압으로 대부분의 사찰과 승려들이 사라진 아픈 역사를 가지고 있기도 하다. 1990년 민주주의 체제전환 이후 몽골불교는 회복과 재건을 넘어 중흥을 도모하고 있다. 유교문화가 한국의 민족적 정서를 담고 있듯이 몽골에서는 불교를 빼놓고 역사와 문화를 설명할 수 없다.

필자가 몽골불교 연구를 하게 된 데에는 보이지 않는 인연이 있었다고 믿는다. 몽골국립대학교 학부 유학 시절 외국인 기숙사 맞은편에 다쉬초일링 사원이 위치했는데, 당시 신실한 불교신자는 아니었지만 고단한 유학 생활에 지칠 때마다 사원에 가서 윤장대輪藏臺(경문을 넣어 두기 위하여 나무로 만든 책궤)를 돌리며 위로받았던 기억이 있다. 고려대학교 문화재학 석사과정에서는 불교의례가 무엇인지도 제대로 모르는 상태에서 몽골불교의례 참과 한국 가면극의 연희 양상을 비교하면서 몽골불교에 대해 관심을 가지기 시작했다. 단국대학교 몽골학과 박사과정에 입학할 때 계획했던 주제는 17~18세기 전통몽골어와 만주어 문헌자료의 비교연구였지만, 재학 중 몽골불교의학과 전통의학서에 대한 소논문을 쓰게 되면서 몽골불교로 방향을 틀게 되었다. 사원이라는 공간 안에서 정치와 교육, 의례와 치유, 신앙으로 확장되는 수많은 이야기에 더 큰 매력을 느꼈던 것이다.

이 글은 몽골불교사원 안 다창의 역사와 문화를 담은 이야기이다. 필자의 박사학위 논문인 「17~19세기 몽골불교사원의 다창 연구」와 소논문을 더해 각주 없이 풀어내었다. 몽골국립대학교 학부시절의 경험과 현지조사와 문헌자료 수집을 바탕으로 박사학위 논문에서는 17~19세기 몽골 다창의 교육기관으로서의 기능을 중심으로 그 성격과 특징을 도출하고자 했다. 유목사회인 몽골의 지역적 문화적 특성이 불교문화에 어떻게 드러나는지를 살폈고, 몽골 다창의 구조와 교육 내용, 교학제도, 학습서 등을 티베트불교의 전형과 비교했다.

연구 과정에서 잘못된 해석이 있을까 걱정되지만 앞으로 새로운 자료들을 놓치지 않고 몽골불교문화와 민중의 신앙 속에 담긴 이야기들을 풀어내는 것을 숙제로 삼고자 한다. 몽골불교에 대해 모르는 독자들도 쉽게 읽을 수 있도록 나름대로 노력했지만 어떻게 전달될지 알 수 없다. 모쪼록 이 책을 펼쳐 몇 쪽이라도 봐주시는 독자들의 관심에 감사드린다.

이 책을 쓰기까지 몽골불교사원의 역사와 문화를 연구하는 데에는 너무나 많은 분의 도움과 격려를 받았다. 몽골학계의 태산 같은 존재인 이성규 교수님 아래서 공부했다는 것은 지금까지 그래왔던 것처럼 앞으로도 필자의 자부심이 될 것이다. 지도교수 이성규 교수님께 깊은 존경과 감사를 드린다. 여러 가지로 부족한 필자를 언제나 격려해주는 단국대학교 몽골학전공, 단국대학교 몽골연구소 선후배 선생님들께도 감사드리고 싶다. 서울대학교 인문학연구원에서의 박사후과정에서 불교의학에 대한 다양한 관점과 화두, 자신감을 심어주신 서울대학교 강성용 교수님께도 감사드린다. 영남대학교 박소현 교수님이 계시지 않았다면 학부시절부터 지금까지 공부가 왜 재미있는지, 학자의 태도가 어때야 하는지에 대해 알지 못했을 것이다. 연구가 막힐 때마다 다양한 자료와 의견교환을 통해 물심양면으로 도와주심에 깊은 감사의 인사를 드린다. 논문과 공부의 중요한 고비마다 도움 주셨던 서울과학기술대학교 김성수 교수님께 감사의 마음을 전한다. 교수님의 자상하고 세밀한 지도가 없었다면 나의 연구는 지금보다 훨씬 빈곤했을 것이다. 궁금하거나 필요한 자료에 대해 언제나 내 일처럼 도와주시는 몽골국립대학교 돌마 교수님, 몽골 다쉬초일링 사원의 뎀브렐 스님께도 감사드린다.

아울러 상지대학교 심재관 교수님의 관심과 독려가 없었다면 이 책은 출간되지 못했을 것이다. 이 글을 재미있는 주제로 생각해주시고 책으로 엮을 수 있도록 도와주심에 감사의 인사를 드린다. 도서출판 씨아이알에서는 친절하고 전문적인 관심을 기울여 원고 검토와 출판 과정을 이끌어 주셨다.

올바르게 살아갈 수 있는 힘과 가르침을 주신 김세환 선생님께 표현할 수 없는 마음을 담아 감사드린다.

마지막으로 몽골학 공부를 하며 보낸 오랜 기간 동안 진정한 응원과 관심을 쏟아주신 어머니 배교윤 여사, 동생 김강희, 김혜윤, 딸처럼 아껴주시는 김연임 여사 그리고 곁에서 끊임없는 사랑을 주는 남편 조준식 님에게 깊은 감사의 마음을 전한다.

차 례

제1장

몽골지역에 전해진 불교

제1장

몽골지역에 전해진 불교

세 번에 걸친 불교의 전래

몽골의 학자들은 몽골지역에 불교가 처음 전파된 시기에 대해 기원전 3세기에서 기원후 1세기경 흉노匈奴 시기로 추정한다. 몽골인의 조상인 흉노에서는 당시 샤머니즘을 주로 믿었는데, 이 시기 중국에 불교가 들어오면서 지리적으로 멀지 않은 몽골도 불교의 영향을 받았다. 중국의 내몽골자치구의 기원전 1세기 이전 조성된 것으로 알려진 사원에서 불상이 발견되었고, 오르도스Ordos 지역의 하탕Katan 강가에는 기원전 조성되었던 것으로 추정되는 절터가 여러 곳 남아있다. 뿐만 아니라 거란契丹, 소그드Sogd, 위구르Uighur 부족들의 무덤에서 불교유물의 흔적이 발견되었다. 고대 몽골어의 명사에 산스크리트어와 팔리어의 흔적이 일부 남아있는데, 긴 시간을 거쳐 현대 몽골어에도 전승되어 산스크리트어가 그대로 쓰이는 경우가 있다.

12세기 초에 등장한 칭기즈칸은 자신이 칸이 될 것을 예언한 무당을 곁에 두고서 국정에 자문을 구했을 뿐만 아니라 전쟁을 하기 전에는 반드시 높은 산에 올라가 천신께 제의를 올렸고 여러 가지 중요한 사안을 결정해야 할 때에도 '영원한 푸른 하늘Munkh khukh Tengri'에 가호를 비는 의식을 행하고 무당과 점술가의 조언을 받아들였다. 칭기즈칸은 몽골 전통 무속을 신앙했지만 정치적으로는 그가 다스리는 땅의 다양한 종교 문제에 대해 개방과 포용을 보여주었다.

칭기즈칸뿐 아니라 몽골의 칸들은 몽골제국에 들어온 모든 종교에 대해 포용적으로 받아들이고 다양한 선교사들의 활동을 보장했다. 몽골제국의 첫 수도인 카라코룸Kharkhorum에는 불교와 기독교, 네스토리우스교와 이슬람교 등 각기 다른 종교의 14개의 사원이 있었다. 몽골의 칸들이 종교에 유연했던 것은 정벌 후 해당 지역을 효과적으로 다스리기 위한 이유가 가장 컸던 것으로 보인다.

이후 몽골에는 티베트불교가 크게 두 차례 전파되었다.

초기 몽골불교의 역사를 살펴보면 몽골의 왕실과 권력층이 티베트불교를 지지한 배경에는 불교 교리의 전파나 포교보다는 세속적 목적이 강했는데, 지배층의 권력 유지와 국가 부강 목적을 위한 기복신앙의 차원에서 불교를 필요로 했다. 이에 몽골의 칸들은 샤머니즘보다 더욱 강력한 통치 수단이자 새로운 종교로서 불교를 적극 수용하였다. 티베트불교는 1234년 칭기즈칸의 후계자인 어거데이칸Uguudei Khaan(1186~1241) 때 몽골제국에 전해지기 시작했다.

13세기, 역사상 존재했던 국가 중 가장 방대한 영토를 지녔던 시기 몽골제국의 수장이었던 쿠빌라이칸Khubilai Khaan(1215~1294)은 1253년 티베트를 점령했을 때, 승려 파스파八思巴, 'Phags-pa(1235~1280)를 만나 존경과 믿음을 갖게 되었고, 그를 국사國師로 초청하면서 불교를 공식적으로 받아들였다. 이때부터 티베트불교가 몽골 왕실의 보호를 받게 되면서 몽골에서 국교로 자리매김했다. 쿠빌라이칸의 요청으로 파스파는 산스크리트어와 티베트어를 바탕으로 한 파스파 문자를 제정했고, 이러한 정치적 배경과 후원에 힘입어 왕족과 귀족들도 불교를 신앙하게 되면서 몽골에서 불교가 번성하기 시작했다.

이러한 배경은 티베트의 정치질서가 몽골제국의 부분으로 편입되면서 티베트불교의 각 교단이 몽골 중앙의 여러 정치세력과 밀접한 관계를 맺은 것에서 비롯된다. 티베트불교의 종파 중 하나인 사캬빠Sa skya pa의 경우 몽골의 왕실과 긴밀한 관계를 가졌고, 이후 겔룩빠dGe lugs pa가 티베트 정치의 구심점이 되었기 때문에 나타나는 현상들이었다. 당시에는 몽골제국의 불교가 칸과 귀족들의 후원과 티베트불교세력의 활동으로 외형상으로 발전하였으나 잦은 전쟁과 교파 간의 끊임없는 소모적인 싸움으로 인해 몽골제국의 후반기에는 그 세력이 쇠약해졌다. 때문에 13세기의 몽골불교는 상류 사회의 신앙에 그쳤고, 대다수의 민간에서는 여전히 과거에서 이어져오던 샤머니즘을 숭배했다. 특히 원元이 멸망한 이후에는 왕실에서도 다시 샤머니즘을 신앙하게 되었다.

16세기 말 티베트불교는 몽골 유목민들의 정신세계를 지탱해주기 위해 다시 초원으로 전입되었다. 몽골이 티베트의 겔룩빠 불교를 믿기 시작한 것은 투메드의 알탄칸Altan Khaan(1507~1582)으로부터 시작되었다. 16세기 후반 당시 몽골의 맹주이자 가장 강력한 세력으로 성장한 알탄칸은 티베트 승려 쇠남갸초bSod nams rgya mtsho(1543~1588)를 1578년 5월 지금의 중국 청해靑海 앙화사仰華寺, Theg chen chos 'khor gling로 초청하여 만남을 가졌다. 이는 몽골불교사와 16세기 이후 몽골인들의 문화와 역사에 한 획을 긋는 일대사건인 '앙화사 회견'이다. 이 자리에서 알탄칸은 쇠남갸초에게 '와치르-다라Wačir-dara 달라이 라마Dalai Lama'라는 존호를 주었고, 쇠남갸초에게서 '차크라와르Chakrawar 세첸칸Sechen Khaan'이라는 존호를 받았다. 이렇게 쇠남갸초는 몽골어로 '바다와 같이 넓고 깊은 지혜를 가진 스승'이라는 뜻의 달라이 라마라는 칭호를 얻었다. 우리가 알고 있는 달라이 라마 호칭의 근원은 이 앙화사 회견에서 비롯되었으며, 몽골어로 바다를 뜻하는 달라이Dalai가 그 어원이다. 내륙국가인 몽골에서 바다는 관념적인 존재였기에 그 의미가 더욱 컸다. 한편 알탄칸은 쿠빌라이칸에 비견되는 전륜성왕轉輪聖王의 화신化身으로 인정받으며 자신의 정치적 정통성을 공고히 했다.

화신과 관계가 깊은 것은 티베트와 몽골의 활불신앙活佛信仰이다. 활불이란 '현재 살아 있는 부처의 화신'이라는 뜻으로, 티베트불교에서 독특한 교리적 존재인 라마의 전생을 일컫는 말이다. 고승高僧이나 수행이 깊은 승려가 부처가 되어 세상에 다시 태어나는 것은 티베트불교와 몽골불교에서 볼 수 있는 독특한 현상이다. 청나라 말기 몽골에서는 234명의 전생활불轉生活佛이 탄생할 정도로 이 현상이 성행했다.

몽골에서 새로운 정치 통합의 요구가 불교 수용으로 연결되었듯이, 당시 몽골의 군사력을 등에 업고 성장한 티베트의 겔룩빠 정권도 점차 그들의 정치적 입장을 드러냈다. 정치적 지위를 종교적 의례를 통해 확인받았던 17세기 몽골의 지배층은 많은 수의 승려와 활불을 확보하고, 그들을 통해 겔룩빠와 밀접한 관계를 유지하고자 했다.

알탄칸은 1578년 쇠남갸초와의 첫 번째 회견에 즈음하여 100명의 귀족을 출가하게 했는데, 그중에는 왕공王公도 포함되어 있었다. 서부 몽골의 오이라드Oirad에서는 1599년 모든 왕공과 귀족의 아들 한 명씩을 출가시키기로 약속했다. 이러한 방식으로 불교에 귀의한 수많은 몽골 왕공과 귀족은 주로 티베트불교의 두 번째 영수領袖인 판첸 라마가 거주하는 티베트의 따씨휜뽀bKra shis lhun po 사원에서 수학했다. 그 결과 17세기 초 티베트불교는 몽골 전역에서 크게 흥성하였으며, 지금도 티베트불교 승려 중에는 몽골인들이 있다.

17세기 이후부터 1937년 이전까지 몽골은 명실공히 불교국가였다. 당시 불교는 모든 종교적 숭배대상 중 최상의 지위를 누리고 있었는데, 불교가 샤머니즘적 요소를 일거에 소멸시켰다고 해석하기보다는 그 일부가 불교에 편입되거나 하위 종교로서 몽골 사회에 전승되어 왔다.

토착 종교인 샤머니즘과의 공존 속에서 불교는 몽골 민족의 상징이 되었다. 이러한 변화의 주요한 원인은 칭기즈칸 숭배와 불교를 절묘하게 조화시킨 데 있었다. 칭기즈칸을 전륜성왕이며 오치르바니Ochirbani, 金剛手의 화신으로 규정함으로써 그의 이미지에 불교적 색채를 더했으며, 칭기즈칸과 그 뒤를 이은 쿠빌라이가 불교 국가를 건설하고자 했음을 주장하여 몽골이 그 시작부터 불교와 불가분의 관계에 있었음을 강조하기에 이르렀다. 이러한 과정을 거치면서 몽골의 정치적 의도 아래 불교가 몽골인들의 정체성으로 자리 잡게 된 것이다. 현재 러시아의 공화국이나 중화인민공화국의 새로운 민족 분류에 따라 몽골과는 별개의 민족으로 구분되어 있는 부리아트Buryat, 다우르Daur, 칼미크Kalmyk, 오로챈Oroqen 등도 당시 티베트불교를 신앙한 것을 보면, 17세기 이후 몽골지역의 불교의 확산이 몽골계 민족의 형성에 지대한 영향을 미쳤음을 가늠할 수 있다.

13세기에 이미 불교가 전래된 적이 있었지만, 17세기부터 몽골 전역에 불교가 확산되면서 초원에는 수백 개소의 사찰이 세워지고, 많은 젊은이가 승려가 되었다. 몽골에 새롭게 들어와 1585년 현재 몽골국 영내에 처음으로 세워진 사원은 어워르항가이Uvurkhangai 지역 하르호린Kharkhorin에 남아있는 에르덴 조Erdene zuu 사원이다.

그림 1 몽골 하르호린 지역에 위치한 에르덴 조 사원의 외벽

17세기부터 몽골과 만주의 통치자들은 각각 자신들의 목적을 위해 불교를 후원하는 정책을 시행했다. 청淸 황제는 불교 경전을 티베트어에서 몽골어로 번역하여 목판인쇄를 통해 민중에게 보급하고, 불교의 수장들을 북경에 초빙하여 감시하는 방법을 강구하는 등 다양한 이중정책을 실시했다. 또한 청나라 황실의 재정 지원으로 몽골에 사원이 건립되었는데, 이 때문에 당시 불교사원은 특별한 지위를 가졌다. 청은 몽골 각지를 평정하고 통합할 때마다 사원의 설립을 후원했다. 여기에 신앙심이 두터운 귀족의 보시布施로도 많은 사원이 건립되었다.

역사적으로는 사실이 아니었음에도 몽골인들이 자신들의 조상을 티베트와 인도로 연결시키려는 움직임은 17세기부터 20세기 초까지 계속되었다. 이는 몽골인들이 한족漢族의 역사에 흡수되지 않으려는 노력으로부터 시작된 것이었다. 몽골인들은 만주족의 지배를 받았지만 수적으로 우세한 한족을 더 경계했기에 굳이 한족의 문화와 사상을 배우려 하지 않았고, 인도-티베트-몽골로 이어지는 불교 문화권 형성을 통해 몽골의 독자성을 유지하려 노력했다. 몽골인들이 중국과 수백년간 국경을 맞대고 살아오고 있지만 언어적으로 한자문화권이 아닌 것도 그 이유 중 하나이다.

청의 지배를 받으면서도 몽골인들은 정체성을 지키기 위해 많은 노력을 기울였다. 그중 하나가 티베트어와 몽골어 불경을 인쇄하여 보급함으로써 몽골인의 정신적 통합을 유지하는 것이었고, 또 다른 하나는 몽골인의 역사를 스스로 저술하는 일이었다.

이러한 이유로 17세기에 저술된 몽문연대기蒙文年代記들은 불교 설화를 몽골 역사에 기록하고, 불교 사상을 기반으로 몽골 역사를 설명하게 되었다. 또한 몽골 민중은 불교의 환생과 윤회 사상을 초능력으로 이해하게 되었고, 이 결과 몽골의 왕들을 부처의 환생으로 인식하게 되었다. 아울러 불교가 몽골에 전파된 역사를 자세히 서술하여 몽골을 정교일치政敎一致 국가로 기록하였다.

몽골불교의 융성과 침몰

17세기 이후 몽골불교의 융성

17세기의 겔룩빠는 티베트불교의 각 교파 중 운영 및 교육 체계에 있어 가장 완비된 교파였으며, 각각의 사원은 티베트의 불교 전통 지식을 전수하는 고등 교육기관이기도 했다. 겔룩빠 사원이 몽골 각지에 건립됨에 따라 티베트불교의 전통 지식도 신속하게 몽골에 도입되었고, 몽골인들의 삶과 문화에도 큰 영향을 미쳤다.

청대 모든 시기에 걸쳐 겔룩빠 불교사원은 몽골지역에서 정치 · 종교 · 교육 · 문화 · 예술의 중심지였다. 겔룩빠 불교가 몽골에 전파되던 초기에 사원 교육의 중심은 대부분 티베트에서 오거나 유학한 학승들이 맡았지만, 시간이 지나면서 몽골인들 중에서도 뛰어난 불교 학자들과 고승高僧이 다수 배출되었다. 몽골의 학승들은 불교 철학에 능통했을 뿐만 아니라 언어, 역사, 의학, 천문, 역학, 수학 등 학문에 대해 티베트어와 전통 몽골어로 다량의 저술을 남겼다.

17세기 이후 티베트어는 몽골지역의 학술 언어로 자리 잡았고, 불교 이외에도 문학과 조형예술, 건축, 역법曆法 등 티베트의 다른 문화들도 몽골에 전해졌다. 이때 몽골인들의 문화에 스며든 티베트의 명사 및 호칭 등은 지금까지도 이어지고 있다.

17세기에는 티베트 대장경을 몽골어본으로 번역하는 작업이 전개되었다. 100여 년 동안 지속되었던 대장경의 번역과 주해 작업은 몽골인의 불심을 단결시키고 몽골불교를 부흥하는 데 중심이 되었다. 대장경 번역 전에는 산스크리트어나 팔리어로 경전을 읽었다면, 대대적인 번역과 주해 사업을 진행하면서 18세기 이후의 몽골 승려들은 몽골어로 경전을 공부할 수 있게 되었다. 특히 시, 논설, 이론서 등에 대한 주석본이 다양하게 간행되어 몽골불교철학의 근간을 이루었다. 이러한 당시의 분위기가 몽골 민중에게도 자연스럽게 영향을 미치게 되면서 불교를 통한 정신세계와 사상의 집결 및 초원 유목지역의 독특한 불교 신앙으로 발전했다.

불교가 몽골지역에 급속도로 확산되면서 몽골인들의 사상과 삶에 큰 변화를 일으켰는데, 그중에서도 교육 분야의 발전을 꼽을 수 있다. 몽골의 불교사원은 티베트 승원僧院의 구조를 빌려왔지만, 몽골에 정착되면서 조직화된 구조와 전통 유목사회의 모습을 함께 보이며 발전해 나아갔고, 사원에 부속된 다창datsan에서는 현종顯宗, 밀종密宗, 의학醫學, 천문天文, 역법曆法, 시륜時輪 등을 종합적으로 교육했다. 현종은 경전을 공부하는 분과로, 현종 다창에서는 『양석론量釋論』, 『현관장엄론現觀莊嚴論』, 『입중론入中論』, 『계율본론戒律本論』, 『구사론俱舍論』 등 티베트·몽골 불교의 기본 경전인 오부대론五部大論을 배웠다. 불교사원에 부설된 다창은 불교경전의 해석을 비롯한 다양한 학문을 교육하고 연구하는 종합교육기관으로, 특히 규모가 큰 사원에 부설된 종합 다창은 대학문사大學問寺로서 현대의 종합대학과 비교할 수 있다.

17~19세기 몽골 전 지역에 보편적 신앙으로 자리매김한 불교의 영향에 의한 사원의 확장과 다창의 건립은 기존의 유목사회 교육 시스템에 큰 변화를 가져왔다. 다창 설립 이전에는 가정 내 훈육이나 마을 단위의 일부 도제식 교육이 중심이 되었던 것과 달리, 다창이 도입된 후에는 불교사원 내에서 분과별 전문성을 가진 학교의 시스템이 구축되어 체계적인 학문의 교육과 연구가 진행되었다.

몽골국 영내에 1585년 최초로 세워진 하르호린Kharkhorin의 에르덴 조 사원 내에 설치된 다창을 시작으로, 16~17세기 몽골에서 다창을 보유한 사원은 17개소에 불과했지만 18세기 들어서는 103개소로 늘어났으며, 19세기 말엽에는 독립된 다창만 492개소로 폭발적인 증가 양상을 보이며 몽골 지식층 양산의 모태가 되었다. 몽골의 사원과 다창은 종교적·정치적 기반과 더불어 교육 및 연구기관으로서의 구심점으로서 20세기 초반까지 유지되었다.

다창을 설립하고 유지하기 위해서는 학승들과 이들을 교육할 수 있는 승려가 상주해야 했기에 독립된 불전과 경당이 있어야 했고, 정기적인 경제적 지원이 수반되어야만 했다. 때문에 종합적이면서도 심도 있는 교육을 위해서는 큰 규모의 사원에서만 다창이 설치될 수 있었다.

다창을 갖춘 사원들과 그 안에서 이루어진 다양한 지식의 교육 및 연구는 몽골인들에게 이전보다 높은 학문적 수준에 접근할 수 있는 길을 열어주었다. 불교사원 교육은 귀족 자제뿐 아니라 신분에 상관없이 다른 유능한 아이들도 문자를 익히고 학문을 배울 수 있게 해주었다.

17~19세기 몽골의 다창은 현종, 밀종, 시륜, 의학, 천문역법 다창 등의 분과로 나뉘지만 그 학습내용에 있어서는 긴밀한 연계성을 가진다. 모든 학승들은 기본적으로 현종의 오부대론의 내용에 대해 학습해야 했다. 이는 종교적 소양을 다지고 승려이자 지식인이 되기 위한 필수적인 교육내용이었다.

특히 의학 다창의 학승들은 점성학의 이론을 숙지해야 인간의 생리와 질병진단법을 통달할 수 있었고, 천문역법을 배우는 학승들도 기본적으로 인체에 대한 지식이 축적되어야 점술학습을 할 수 있었다. 이러한 점은 몽골 다창이 실용학문의 전문적 지식 습득에 있어서도 분과별 학습내용이 서로 연결되도록 하여 폭넓은 학습을 추구했다는 것을 알 수 있다.

몽골의 현종과 밀종, 시륜 다창에서는 티베트 다창의 교재를 기준으로 하였으며, 주로 번역과 주해작업이 이루어졌다. 한편 의학과 역법曆法 다창에서는 몽골지역의 환경과 기후에 적합하도록 만든 몽골 전통의학서와 각 지역의 다창을 기준으로 한 몽골력蒙古曆이 제작되었다. 이는 실용학문의 경우 티베트 다창의 이론과 학습법을 수용하여 몽골화되었음을 확인할 수 있는 부분이다. 18~19세기 다창에서 발전되어 학문적 이론의 기틀을 마련한 몽골 전통의학과 몽골역학은 현재까지 전승되고 있다.

몽골에서 17~19세기 불교의 전파와 소통을 담당했던 사원은 몽골인들의 공동체를 형성하고 결집시키는 공간이었다. 당시 사원에서는 집단적 종교의식과 교육·예술·문화 공연·축제 등이 어우러지며 몽골인 고유의 복합적 활동 공간이 형성되었다. 몽골과 청淸 조정의 겔룩빠 불교에 대한 전폭적인 정치적 혹은 경제적 지원이 있었기에 이 시기 사원에서 여러 학문이 신속하게 성장할 수 있었고, 당시 사회적 조건과 몽골인의 굳건한 신앙심은 학문적 융성과 문화예술에 대한 번영을 불러왔다.

16세기 이후 몽골의 불교 전파는 티베트 및 티베트불교와 학문적으로 깊은 관련을 맺고 있으며, 사회 각 분야에서도 큰 영향력을 발휘하게 되었다. 몽골의 사원문화는 단순히 종교집단의 향유로 그친 것이 아니라 경제·교육·문화·예술에 이르기까지 몽골 민중 생활의 구심점이었다.

당시 몽골지역에 뿌리내린 불교는 사회, 경제적인 측면에서도 결정적인 구조 변화를 초래했다. 즉 독립적인 경제 단위를 형성한 사원 공동체의 발생은 처음으로 몽골의 옛 경제 구조와 결별했다는 것을 의미했다. 사원에서 부와 재산을 축적한 것은 시간이 흐르면서 무산 계층뿐 아니라 재산을 독점적으로 소유하고 있던 귀족층과도 대립하게 만들었으며, 수많은 승려는 민중에게 무거운 짐이 되었다.

1930년대 사회주의로 인한 불교사원의 폐쇄

18~19세기에 융성했던 불교사원은 이미 몽골 사회에 확고하게 입지를 굳힌 상태였고, 1911년 몽골의 독립 이후 10년 동안 몽골 내 사원과 승려의 수는 폭발적으로 확장하게 된다. 급변하는 시대상황 속에서 징집을 피하기 위해 출가하는 자들이 늘어났고, 이는 심각한 사회문제로 대두되었으나 이미 방만하고 비대해진 몽골의 사원은 자정작용을 제대로 해내지 못했다.

1911년 몽골의 마지막 왕인 젭준담바Jebjun Damba의 지도 아래 몽골은 청나라의 지배에서 독립했지만, 독립 후 중국과 소련의 사이에 끼어 극심한 혼란의 시간을 겪게 된다. 몽골은 1921년 7월 11일 소련의 도움을 받아 공산주의 독립 국가가 되었다. 젭준담바는 정치에서 손을 떼고 불교에만 전념하다가 1924년 사망했다. 얼마 뒤 공산주의자들은 대대적인 불교 탄압에 나섰다. 1937년 러시아를 등에 업은 공산주의자들은 17세 이하의 어린 승려들을 군사학교에 보내고, 18세에서 25세 사이의 승려들은 강제로 군대에 징집했으며, 25세 이상의 승려들을 감옥에 가두거나 숙청했다. 750곳이 넘는 몽골의 사찰과 불탑, 수많은 경전과 불교 유물은 1년 사이 대부분 불타버렸다. 이러한 불교 전멸의 시기를 거쳐 1944년 공산주의 단속 아래 문화유산을 남긴다는 명목으로만 간단사Gandantegchilin Khiid를 다시 볼 수 있었다. 이때 속가에 흩어져 숨어있던 단 7명의 승려들이 모여 감시 속에서나마 매일 간단한 불교 의식만을 거행할 수 있었다. 하지만 몽골어로 의식을 치르는 것이 금지되어 티베트어만 사용할 수 있었으며, 공산당의 감시가 두려웠기에 노인이나 그들이 데리고 온 어린아이들만이 의식에 참여할 수 있었다. 1970년대에는 간단사에 불교대학이 생겼으나 간단사에만 한정할 뿐, 다른 모든 곳에서의 불교 활동은 금지된 상태 그대로였다.

1924년 당시 몽골 인구는 대략 70만 명 정도였는데 이 중 113,000명 정도가 승려로 전체 남성인구의 약 40%에 달했으며, 국가 재산의 20%는 사원 소유였다. 막강한 세력과 부를 갖고 있던 몽골불교사원은 그 역사에 비해 너무나 짧은 시간 사이 사라지게 되었다.

역사적 사실로 알려져 있는 중요한 외부요인은 인민혁명을 통해 몽골을 위성국가로 만든 스탈린의 종교말살 정책이 작용한 결과였다.

그러나 당시 몽골불교가 일순간 침몰하게 된 내부요인은 세계정세 변화에 대한 무지와 판단력 부족, 비대하고 방만해진 사원, 국민생활을 압박하는 사원의 고리대출업, 이로 인한 대중적 지지기반 약화 등에서 찾을 수 있다. 무엇보다 중요한 1922년 급진 개혁에 반대하는 국민봉기가 있었음에도 불구하고 몽골불교계는 이를 주도해 상황 변화를 이끌어내지 못했다. 오히려 복드칸Bogd Khan(1869~1924)의 통치기에 인민혁명 세력에 동조함으로써 법률과 제도 정비를 통한 그들의 세력 확장을 방조했다. 당시 몽골불교는 스스로 변화를 주도하지 못하고 변화의 파도에 쓸려가게 되었다.

몽골 정부는 사회주의 혁명의 달성을 위해 몽골의 사원과 승려를 혁명의 적으로 규정하여 탄압하였으며, 사원의 파괴와 승려의 환속 또는 살해가 자행되었다. 같은 티베트불교 전파지역이지만 티베트나 청해靑海지역에 비견할 수 없을 정도로 몽골지역의 사원은 전멸하다시피 파괴되었다. 1990년대 이전까지 몽골국에서 사원의 형태를 유지한 곳은 울란바토르의 간단사뿐이었고, 현재까지도 몽골과 중국의 내몽골자치구內蒙古自治區에는 폐허에 가까운 사원과 절터만 남아있는 곳이 즐비하다. 당시 몽골사회에는 몽골 쇠퇴의 주요 원인이 불교 때문이며, 불교의 전파와 흥성조차 부정하는 인식이 확산되어 학자들 사이에서도 그 역사적 중요성을 인정하지 않고 연구의 대상으로도 삼지 않으려는 경향이 팽배해 있었다.

기록에 의하면 1937년 9월부터 1938년 7월까지 83,203명의 승려가 사원에서 추방되었다. 대부분의 승려들은 유죄판결을 받아 범죄자로 전락하였고, 그나마 생존해 있던 승려들도 1938년 10월 가장 큰 규모의 숙청에서 반혁명분자로 낙인찍혀 살해당했다. 심지어 고위관직에 있던 승려들도 초기 사회주의의 숙적으로 여겨져 반혁명분자와 간첩 혐의, 또는 정부 몰락을 도모하였다는 혐의로 기소되었고, 막대한 보석금을 내고나서야 풀려났다. 이는 몽골정부가 당시 승려들이 가지고 있던 정치적·경제적·사회적·문화적 권력과 불교사원의 존재를 무너트리려는 수단으로 시행했던 예이다.

학살이 자행되는 가운데 일부 승려들은 승직을 포기했고, 몽골불교의 맥을 단절하기 위하여 반복된 숙청과 사원 폐쇄에 앞장섰다. 이에 앞선 승려들은 몽골 정부의 높은 관직에 오르기도 했다.

한편 사원에서 부동산과 차茶, 생필품 등을 고리대금을 받고 유통했던 것에 대해 재판으로 회부되기도 했는데, 이는 새로 수립된 몽골 정부와 재판부가 법 집행력을 강화하기 위한 수단이었다. 당시 재판부에서는 승려에 대해서도 법률을 엄격하게 적용하였다. 따라서 대부분의 사람들은 살아남기 위해서는 개인의 신념을 저버리고 시류에 적응해야만 했다. 몽골 정부의 불교 탄압은 반종교주의 혹은 반성직자주의로서 자행되었다기보다는 몽골불교와 사원이 장악하고 있던 정치력과 경제, 사회적 기능을 단절시키고자 했던 것이었다.

1937~1938년 사이 몽골의 모든 사원은 사회주의 이념으로 인해 모두 불타거나 파괴되어 문을 닫게 되었고, 형태를 유지하고 있던 곳들은 그마저 창고나 마구간, 군대의 숙소로 전락했다. 20세기 초반 115,000여 명에 달했던 몽골사원의 승려들도 대부분 숙청당했다. 이렇듯 청대清代 몽골에서 융성했던 불교는 순식간에 침몰했다.

20세기 이후 몽골불교

몽골불교는 20세기에 극적인 성쇠를 지나, 1990년 민주 정부가 등장하면서 본래 모습을 되찾기 위한 복원 작업이 시작되었다. '종교는 아편'이라는 슬로건 아래 숨겨져 있었던 불교 문화재들과 몽골 민중의 불심도 표면으로 드러나게 되었고, 폐허로 남아있던 사원의 중건이 시작되었다.

현재 몽골불교의 중심에는 울란바토르의 간단사와 부설 승가대학이 있다. 몽골 전통불교를 일으키기 위한 노력은 승가대학의 중건과 간단사 불교미술대학을 비롯한 강원講院 등 불교 관련 교육시설의 설립으로 이어지고 있다.

1990년대에는 억눌렸던 불심을 회복하고 사원을 복원하는 데에 열중했다면, 2000년대 이후에는 불교서적의 출판과 함께 다양한 불교 사업이 각지에서 진행되기 시작하였다. 몽골불교 활성화가 지방 불교 활성화와 직결된다는 것을 인지하고, 몽골 각 지역에 전통문화예술원 지부를 설립하여 불교 중흥 네트워크를 추진하고 있다.

오늘날 몽골불교의 모습에 대해서는 5장에서 보다 자세히 이야기하겠다.

몽골불교사원의 다창 설립과 확산

제 2 장

몽골불교사원의 다창 설립과 확산

다창 Datsan은 티베트어 'grwa tshang'을 몽골어로 음차한 것으로 학교, 학당學堂 또는 강원講院을 의미한다. 다창은 티베트와 몽골지역의 겔룩빠 사원 내에 설치되어, 현종, 밀종, 의학, 천문, 역법, 시륜 등을 종합적으로 교육하는 티베트와 몽골지역의 전통적인 핵심 교육 및 연구기관이다.

불교사원에 부설된 다창은 불교경전의 해석을 비롯한 논리학, 철학, 언어, 문학, 예술, 건축 등의 학문을 교육하고 연구하는 종합교육기관으로, 특히 규모가 큰 사원에 부설된 종합 다창은 대학문사大學問寺로서 하나의 종합대학과 비교할 수 있다. 이러한 의미에서 다창은 영어로 Monastery(수도원)보다는 Monastic University(수도원식 대학교)라고 번역된다.

17~19세기 몽골지역에는 사원의 규모에 따라 약 2~7개의 다창을 운영하였으며, 각 다창들은 사원에 소속되어 있으면서도 독립된 경당經堂이나 불전佛殿을 보유한 동시에 토지와 가축 등 경제적 활동을 위한 자산을 축적하기도 했다. 다창은 지역과 종파에 따라 종류와 유형, 규모 등에서

차이가 있었으나, 기본적으로 불교 연구 기관 및 승가학교의 역할을 하는 동시에 지역 신도들을 계도하는 교육적·사회적 기능을 유지하였다.

티베트불교가 16세기 후반 몽골에 유입된 이후 17~19세기 몽골 전 지역에 보편적 신앙으로 자리매김하면서 불교의 영향에 의한 사원의 확장과 다창의 건립은 기존의 유목사회 교육 시스템에 변화를 가져왔다. 다창 설립 이전에는 가정 내 훈육과 마을 단위의 일부 도제식 교육이 중심이 되었던 것과 달리, 다창이 도입된 후에는 불교사원 내에서 분과별 전문성을 가진 학교의 시스템이 구축되어 체계적인 학문의 교육과 연구가 진행되었다.

몽골에 처음으로 세워진 다창은 하르호린의 에르덴 조Erdene zuu 사원 내 다창이었다. 16세기 말엽~17세기 초반 몽골지역에 14개소의 대규모 사원들이 설립되었는데, 특정 활불活佛이나 지역 영주의 이름을 딴 사원이 대부분이었으며, 불교사원의 건립을 통해 정치권력을 주도하는 것이 목적이었다. 당시에는 티베트불교사원을 본딴 현종 사원이 대부분이었으나, 17세기 후반에 들어서는 몽골의 승려들이 티베트에서 유학 후 고향으로 돌아와 의학, 역법 사원을 세우는 사례가 증가했다.

그 대표적인 예로, 몽골지역에서 가장 먼저 의학 다창을 설립하고 의학 교육을 펼친 의승醫僧인 롭상단잔짤창Luwsandanzanjaltsan과 몽골의 자야판디타였던 롭상프린레이Luwsanprinrei를 들 수 있다. 학식이 뛰어났던 이 두 승려는 티베트에서 20여 년간 유학 후 몽골로 돌아와 1685년에 지금의 몽골 바얀헝거르Bayankhongor에 몽골지역 최초로 의학 다창을 세웠다. 롭상단잔짤창의 의학 다창 설립 이후로 불교 철학을 위주로 설립되었던 양상에서 벗어나 역법, 천문, 예술 등 다양한 학제를 포함한 대규모 다창들이 우후죽순처럼 몽골 각지에 잇달아 설립되었다.

16~17세기에 다창을 보유한 사원은 17개소에 불과했지만 18세기 들어서는 103개소로 늘어났으며, 19세기 말엽에는 독립된 다창만 492개소로 집계되는 폭발적인 증가 양상을 보였다. 이렇듯 16세기 말에 티베트불교가 대규모로 몽골 각 지역에 수용되면서 티베트불교의 전통 지식이 정식으로 몽골에 도입되었고, 다창은 몽골에서 불교 및 지식의 구심점을 가진 기관으로서 몽골 전역에 확산되었다.

당시 몽골의 봉건 통치계급 형성과 청의 지원 등 대외적인 환경조성 외에도 겔룩빠만이 추구하던 엄밀한 제도와 계율, 그리고 사원과 다창의 조직 등은 몽골의 불교신자와 승려들을 사원으로 집약할 수 있는 힘으로 작용했다.

티베트 라싸Lha sa와 위짱dbus gtsang, 청해靑海의 암도Amdo 등지에서 공부한 몽골의 고승들은 귀국 후 몽골에서 사원을 건립하여 인재들을 양성하고 불교 교리와 지식을 전파했다. 몽골 각 지역의 불교사원 내에 다창이 설립됨에 따라 체계적인 교육이 몽골지역에서 시행되었고, 많은 학승이 배출되었다. 이렇게 불교사원이 몽골지역사회의 지식과 철학을 창출하고 주도하는 경향 속에서 사원의 구성원인 승려들은 특혜를 받았으며, 노동이 면제되고 등급에 따라 그에 상응하는 부와 명예를 향유할 수 있게 되었다.

16세기 이후 몽골 역사에서 불교사원이 차지하는 위상이 매우 높았기에 몽골 사회에 막강한 영향력을 미치고 있었다. 몽골 사원은 사실상 국가의 교육 및 교화기능을 담당했는데, 사원의 다창은 승려를 교육시키던 불교교육기관일 뿐만 아니라 지역의 문화와 경제, 의료 등 사회 전반의 중심축으로서 종합적인 구심점 기능을 도맡았다.

17~19세기 몽골불교사원의 영향력이 큰 이유 중 하나는 사원의 중심

에 활불이 존재하기 때문이었다. 티베트지역에서는 일반적으로 린뽀체 Rinpoche라 불렸고, 몽골에서는 호탁트khutagt라는 칭호로서 통용된다. 이들은 사원의 건립과 재정확보 그리고 인사人事를 직접 안배하고 결정하는 일을 주재하였다. 이외 일부 지역에서는 영주가 승려로서 단독정권을 지니고 있었는데 이들은 영지 내의 종교, 행정, 사법 및 징세 업무를 관장했다.

승려들이 수행과 공부를 하고, 생활을 영위하면서 불교 행사를 행하는 데는 많은 경비가 들었다. 이러한 경비는 사원의 경제적 수입에 의해 좌우될 수밖에 없었다. 청나라 황실과 몽골 왕공 귀족들의 대규모 지원에 따라 몽골불교사원의 경제적 여건은 크게 바뀐다. 일반적으로 사원과 고위직 승려의 경제적 원천은 세 가지로 나눠 볼 수 있다. 첫 번째는 청 조정의 하사下賜이고, 두 번째는 지방 정부의 하사이며, 세 번째는 신도들의 보시였다. 사원의 재산은 대부분 지방 정부의 하사인 경우가 많았다. 당시 승려가 외부로 나가서 독경을 하고 병을 치료해서 얻은 비용은 부수적인 수입에 머물렀다.

때문에 17~19세기 몽골의 사원은 불교 이론을 심화 확대하고 그 지역에 상징성 있는 종교적 인물을 배출하며, 포교를 통해 신도들을 확보하는 것이 중요했다. 신도의 확보는 사원의 재정과 직접적으로 연계되었는데, 이는 각 사원의 존립과 안정성에 큰 축을 담당했기 때문이다. 이에 각 종파의 사원들은 대중적인 방법으로 신도들에게 다가갔다. 그 대표적인 예로 관혼상제冠婚喪祭와 대규모 불교의례, 예술품, 축제 등을 들 수 있다. 몽골 사원의 이러한 입체적인 역할과 노력은 몽골 각 지역을 불교사원을 중심으로 한 생활 문화 공동체로 만드는 데 크게 기여했다.

몽골불교사원의 발전과 함께 몽골 전 지역의 사원에 설립된 다창은 몽골지역에 제도화된 학문이 급속도로 전파되는 데에 가장 중요한 역할을 했다. 현종, 밀종, 의학을 비롯한 천문과 역법, 번역과 문학, 음악, 미술, 건축 등 종합 학문이 몽골 각지의 다창에서 조직적으로 전파되면서, 몽골에서 많은 수의 학승과 지식인을 배출하였다.

몽골의 다창 건립으로 인해 불교와 각 학문은 기존의 전통적인 유목사회의 교육에서 변화된 학교 시스템을 구축하게 되었으며, 더욱 발전된 양상으로서 몽골 민중과 지식인의 학습제도로 자리 잡았다. 16세기 말 티베트의 겔룩빠 불교가 유입되면서 다창도 함께 몽골에 설립되었고, 17세기에는 몽골의 각 지역마다 정착되어 18세기에 점진적으로 확산된 후 19세기에 이르러서는 몽골인들이 거주하는 전 지역에 불교사원과 다창이 함께했다. 19세기까지 몽골에 설립된 사원의 설립 주체가 확인된 다창은 429개소에 이르렀다. 1570년대 겔룩빠 불교가 몽골에 전래된 이후 300여 년 만에 1,000여 개소에 달하는 사원이 설립되었고, 이러한 몽골의 불교 중흥에 힘입어 다창의 수도 크게 증가하게 되었다. 다창은 불교철학 교육과 교리 설파의 기능뿐만 아니라 각 지역의 지방 교육기관의 기능도 맡아 발전하게 되었고, 19세기 몽골의 다창은 체계적인 교육과 운영 제도를 갖추고 있었다.

몽골의 다창은 불교교육기관으로서 먼저 해당 지역에 단독 혹은 학제별로 설립된 후, 그 다창의 집합체로서 대형 승원이 이루어지는 경우가 많았다.

다창은 16세기 후반~17세기에는 정치적 목적으로 세워졌던 몽골의 불교사원에 부속되어 있었는데, 18~19세기에 들어 배출된 승려들이 포진하는 과정에서 몽골 전역에 다창이 급속도로 확산된다. 겔룩빠 불교의 몽골 유입 이전에는 주로 몽골인 관리나 귀족의 자제를 위해 설립한 중앙과 지방의 관학, 서원과 사캬빠 불교사원에서 지식층이 양성되었다면, 겔룩빠 불교사원이 몽골지역에 확산된 이후부터는 다창으로 교육의 중심이 이동되었다고 볼 수 있다. 이렇듯 몽골의 다창은 종교적·정치적 기반과 더불어 교육 및 연구기관으로서의 면모를 보이며 20세기 초반까지 유지되었다.

다창의 규모와 종류

많은 수의 몽골 사원 가운데에는 특정 분야의 다창이 먼저 설립된 이후 사원의 규모를 이루는 경우를 볼 수 있다. 다시 말하면 특정 분야의 다창이 건립된 후 사원이 부설되는 현상으로 사원 안에 다창이 설립되는 티베트의 대규모 승원과 구분되는 차이점이다.

몽골의 다창은 교사와 학승을 수용할 수 있는 일정 규모 이상의 부지와 건물이 필수적이었기 때문에 모든 사원에 설립되었던 것은 아니다. 몽골 다창은 어느 정도의 규모를 갖춘 사원이어야만 설치 가능했다.

몽골에서는 절 혹은 불교사원을 지칭할 때 후레 khuree, 히드 khiid, 도강 dugan, 숨 히드 sum khiid, 호랄 khural, 짜스 jas 등 여러 단어를 혼용하여 사용한다. 모두 불교사원을 가리키는 말이지만, 살펴보면 그 뜻과 쓰임에 따라 각각 다르다.

후레는 사원을 포함한 여러 경당과 불전을 거느린 가람伽藍으로서 대규모 승원으로 이루어진 지역관할이라는 의미를 가지며 후레 안에 히드가 부속된 구조로 설립되는 양상을 보여 왔다. 후레는 오늘날 몽골의 수도인 울란바토르의 옛 이름으로 고륜庫倫을 뜻했다. 현재의 후레는 한국의 조계종, 천태종, 태고종처럼 불교 내의 한 종단을 이르는 명칭으로 쓰인다.

다음 그림 2는 몽골의 승려 출신 근대화가 데 담딩수렝 D.Damdinsuren 의 작품 〈후레 참 khuree tsam〉이다. 이 그림은 몽골 중 후레 Zuun khuree 의 전도를 포함하며 후레에서 불교 의례와 축제가 함께 어우러지는 모습을 사실적으로 나타낸 작품이다. 그림에 나타난 전각은 4개소, 전통가옥 형태의 게르 불전은 13개소로, 20세기 초반 대규모 후레의 모습을 재구성하여 당시 사원의 규모와 의례의 모습을 가늠할 수 있다. 작품에서와 같이 후레는 경내에 여러 다창과 부속 건물을 설립하고 수백 명의 승려를 수용할

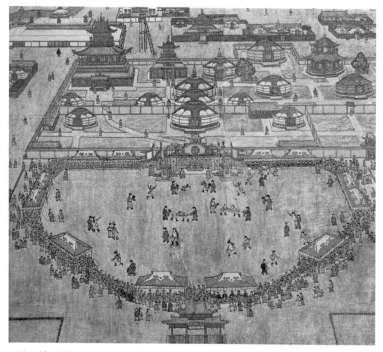

그림 2 〈후레 참〉데 담딩수렝 삽화(몽골 울란바토르 국립 측지학회, Зураг зүйн газар, 1990, Улаанбаатар Хотын Атлас Улсын Геодези, Улаанбаатар, p.12.)

다창_몽골불교사원의 중심

수 있는 대형 규모였다.

히드는 대형 후레 내에 있으면서 여러 불전과 경당, 다창이 포함된 형태의 대규모 사원을 일컫는다. 대표적인 예로 현재 울란바토르의 간단텍첸링 사원Gandategchenlin khiid, 셀렝게 아이막의 아마르바야스갈랑트 사원Amarbayasgalant khiid, 어워르항가이 아이막의 에르덴 조 사원Erdene zuu khiid을 들 수 있다. 보통 목조건물로 지어진 사원의 모임을 히드라 칭하며, 히드에는 불전佛殿을 포함한 다창이 부속되어 있었다. 이처럼 전각을 갖춘 사원을 이르는 히드는 '담으로 구획된 공간'이라는 어원에서 유래했다. 몽골에서 일정한 규모를 갖춘 불교사원의 의미로 널리 통용되는 단어가 히드인 것은, 유목 생활을 하던 몽골인들에게 불교사원의 이미지는 구획된 공간 안에 고정된 건축물이 있는 곳이었다.

그림 3은 1850년에 제작된 에르덴 조 사원의 전도全圖이다. 구획된 담 안의 사원 경내에 다창과 도강, 짜스가 함께 있었으며, 승려들이 거주하는 요사채가 있는 경우도 있었다. 16세기 몽골 영내에 처음 세워진 겔룩빠 불교사원인 에르덴 조 히드는 현종, 밀종, 역법 다창을 보유하고 있었다. 그림의 왼쪽 상단부에 따로 구획되어 있는 부분에서 이 세 곳의 다창의 모습을 확인할 수 있다.

도강은 대법당의 중앙 법전法殿으로, 승려들이 모여 예불을 드리는 곳을 칭하며, 사원에 부속되어 법회를 열고 승려들이 마주앉아 독경을 하는 장소를 말한다. 특히 촉첸 도강Tsogchen Dugan은 사원의 주불主佛을 모시는 중앙 법전으로, 한국 불교사원의 대웅전大雄殿과 비교된다.

다음 그림 4는 1920년대 자야 게게니 후레Zaya gegeenii khuree에 있던 도강의 사진이다. 히드 이상 규모의 사원에서는 도강과 다창이 필수적으로 설치되어 있었다. 도강은 히드에 부속되어 있는 경우가 대부분이었으나,

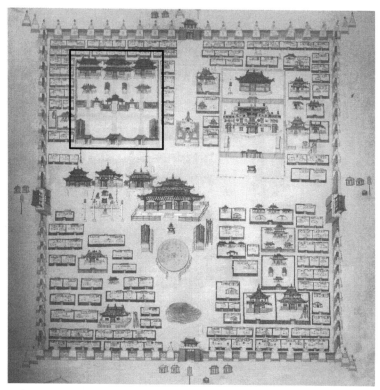

그림 3 '에르덴 조 사원' 전도(차강 다리 에흐 박물관)

그림 4 S.A. Kondratiev가 1920년대 촬영한 자야 게게니 후레 경내의 도강(Klyagina-K dratiyeva 2013, p.164. 발췌)

034

다창_몽골불교사원의 중심

지역에 따라 마을에 독립된 형태로 존재하기도 했다. 대규모 사원의 도강은 2층 이상의 규모로 지붕에 기와를 얹어 짓는 구조가 대부분이었다. 중소규모의 사원의 경우 지붕의 중앙 부분만을 덧대어 높여 짓거나 단층 건물로 지어진 경우도 있었다.

숨은 수호신의 상像을 모시고 그 안에서 경전을 읽으며 기도를 올리는 소규모 형태의 종교시설을 통칭하는 단어이다. 불교사원의 숨은 히드의 말사末寺 형태로 부속되어 있는 경우가 많았다. 대표적인 예로 에르덴 조 사원의 조긴 숨Zuugiin sum, 이흐 후레Ikh khuree의 마이다린 숨Maidarin sum 등을 꼽을 수 있다. 숨은 독경과 기도를 할 수 있는 최소 규모의 사원 형태로 이해할 수 있으며, 1~3개 구조물로 이루어지는 경우가 대부분이었다.

그림 5는 1930년대 어워르항가이 지역의 한 숨을 촬영한 것으로 건물에 게르 모양의 지붕이 올려져 있는 모습을 볼 수 있다. 숨은 독경과 기도를 할 수 있는 최소 규모의 형태로, 단독 건물인 경우가 대부분이었다.

이상 몽골불교사원을 규모 순으로 정리하면, 후레〉히드〉도강〉숨 순

그림 5 1930년대 어워르항가이 지역의 마이다린 숨(촬영자 미상, www.mongoliantemples.org)

으로 볼 수 있다. 후레는 사원을 포함한 여러 경당과 불전을 거느린 대규모 가람伽藍이며, 히드는 대형 후레 내에 있으면서 여러 불전과 경당, 다창이 포함된 형태의 사원이었다. 도강은 법전法殿으로, 대부분 히드 내에 부속되어 있는 형태였으나 지역에 따라 독립적으로 존재하기도 했다. 숨은 독경과 기도를 할 수 있는 최소 규모의 사원을 이른다. 한편 숨의 경우 최근 몽골에서는 작은 성당이나 교회 등을 가리키는 명칭으로 변화하는 양상을 보인다.

다창을 설립하고 유지하기 위해서는 학승들과 이들을 교육할 수 있는 승려가 상주해야 했기에 당연히 불전과 경당이 있어야 했고, 정기적인 경제 지원이 필수였다. 때문에 종합교육기관을 포함한 다창은 대형 히드 이상 규모의 사원에서만 가능했다.

예외적으로 18세기에 독립적인 다창으로 유지했던 곳이 8개소가 있었으나, 다창이 설립되면 그 주변에 도강, 숨이 자리하면서 자연스럽게 후레 및 히드의 규모로 확장 및 정착하게 되었다. 후레 안에는 히드가, 히드

그림 6 19세기 외몽골 지도

다창_몽골불교사원의 중심

안에는 다창이 부속되는 구조에서, 다창은 도강과 호랄, 학급을 따로 보유하고 있었다. 다창의 규모는 곧 승려 수와 사원 규모에 비례했다.

몽골에서 불교가 가장 흥성했던 19세기 몽골 사원의 구성과 분포 현황은 다창의 지역별 분포와 그 궤를 함께했다.

19세기 몽골 사원의 지역별 분포를 보면, 투셰트 한 아이막의 사원 수가 381개소로, 다른 지역에 비해 월등히 많이 분포하고 있다. 투셰트 한 아이막은 현재 몽골의 수도인 울란바토르와 터브 Tuv 아이막, 돈드고비 Dund govi와 어믄고비 Umnu govi 아이막 등을 포함하는 지역으로, 다른 지역에 비해 산지가 적고 인구가 많은 곳이다.

반면, 서북쪽의 홉드 Khovd 지역은 다른 지역에 비해 불교사원의 수가 월등히 낮은 분포를 보인다. 이는 당시 인구 수에 기인한 것으로 판단할 수도 있겠으나, 몽골 서북지역은 고대부터 샤머니즘이 번성해온 곳이며, 16세기 후반에 귀족들에 의해 몽골에서 거의 사라진 이슬람교와 관계된 주요 지역이라는 점도 간과할 수 없다.

다창의 조직구조

몽골에서는 불교사원을 떼어놓고 17세기 이후 학문과 교육의 발전을 논할 수 없다. 사원은 학문을 존중하는 전통을 지니며 대학교와 같은 기능을 했다. 승려들 대부분은 인도와 티베트, 몽골 학승들의 철학 논문에 주석註釋을 쓰거나, 시를 짓거나, 의학과 점성술, 공예와 예술 등을 연마했다. 몽골의 다창은 티베트불교사원의 다창 구조를 본떠왔다.

척박한 환경에서 삶을 영위하는 티베트인들은 정신적 안위를 줄 수 있는 종교와 문화를 굳건히 지켜나가고자 했다. 따라서 각 종파마다 무수히 많은 사원을 설립하여 그 세를 확장시켰고, 각 사원의 확장에는 수많은 승려의 출가가 바탕이 되었다. 이는 티베트의 가정에서 아들은 반드시 사원에 출가하여 승려가 되고, 궁극적으로는 활불이 되는 것이 신분과 명예를 획득할 수 있다는 사회적 통념이 강하게 자리하고 있었기 때문이었다.

티베트에서 불교사원은 전 방위의 영역을 담당한다. 기본적으로 사원은 승려들이 명상하고 공부하는 곳이다. 또한 속세로부터 불교경전을 보존하고 전승하는 장소이다. 그러나 사원의 궁극적인 역할은 종파의 가장 중요한 목적인 영적 수행의 순수성과 그것이 후대로 잘 내려갈 수 있도록 영적인 법통을 지키는 일이다. 티베트의 불교사원은 종교적인 업무와 함께 사회적인 대외 활동도 주도적으로 기획하고 참여한다. 이를 주관하는 자는 정교政敎의 영향력과 지위를 확보하고 있는 저명한 활불이다. 활불은 사원에 속해 있는 라마승들의 스승이며 사원을 총괄적으로 관리하는 행정 수장이기도 하다.

한편 겔룩빠의 3대 승원이라 불리는 데뿡'Bras spungs, 간덴dGa' ldan, 세

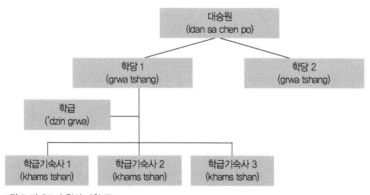

그림 7 티베트 승원의 다창 구조

라Se rwa 각 승원은 쌍푸 승원의 시스템과 비슷하다. 티베트에서 하나의 대승원은 다음의 도식과 같은 피라미드 구조로 이루어져 있다.

티베트의 다창은 적절한 인원으로 나뉘어 독립적으로 운영된다. 대학 문사는 이러한 개개의 학당의 집합체이다. 학당에는 기숙사와 유사한 캄챈khams tshan이 있는데, 각 기숙사는 출신 지역별로 나뉜다. 승려들은 자신의 캄챈에 상주하면서 소속 다창에서 공부한다. 또한 각 다창에는 학급이 있다. 학습 순서와 세세한 내용은 승원과 다창마다 다르지만, 대체로 5가지 학급으로 나뉜다.

몽골의 다창은 티베트의 승원 체계를 본따 왔지만, 그 구성에서는 차이를 보인다. 티베트의 승원은 대승원의 관할 아래 학당인 다창이 소속되어 있고, 그 아래 학급과 학급 기숙사로 나뉘는 구조이다. 티베트에서는 학급기숙사에 해당 시설이 부속기관으로 있었다면, 몽골 다창의 학승들은 사원과 다창에 늘 지내기보다 등하교하는 편이 일반적이었다. 이러한 모습은 다창에 소속되어 학습을 하면서도 전통 유목사회의 가정방문교육을 병행한 학승들이 상당수였기 때문일 것이다.

몽골에 다창이 설립되기 시작할 때에는 대규모 사원들이 티베트에서 그 조직구조를 모방하여 운영되었지만, 19세기에 들어 급속도로 많은 사

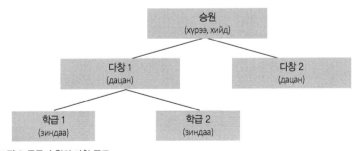

그림 8 몽골 승원의 다창 구조

원에 다창이 설치되면서는 각 사원마다 해당 지역과 필요에 의한 구조를 가지고 설립되었다.

몽골의 다창은 후레와 히드에 부속되어 그 안에 학급이 자리하는 구조였다. 대규모 다창에서는 자체적으로 경당과 불전, 종무소를 가지고 있었다. 대형 사원에는 요사채 형태의 숙소가 설치되어 있기도 했으나, 대부분의 학승들은 히드와 후레 주변에서 기거하는 경우가 많았다.

그림 9에서 1850년대 간단텍첸링 사원(약칭 간단사)과 다창, 그 주변 일대를 확인할 수 있다. 그림의 양 옆으로 빼곡하게 자리한 몽골 전통가옥인 게르의 모습이 보인다. 사원은 이동할 수 없는 고정된 건물이었으나, 게르는 계절과 필요에 의해 이동할 수 있었기에 몽골 유목민의 거주 특성을 나타낸다.

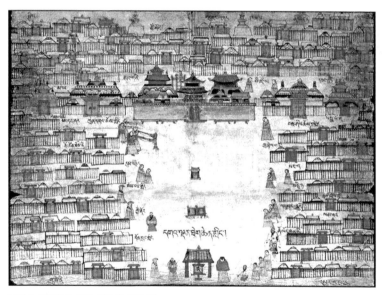

그림 9 1850년대 몽골 간단사 주변 전도(Krisztina Teleki and Richard R. Ernst, 2013, Analysis of a Unique Painting Presenting Gandantegchenlin Monastery in Ulaanbaatar around 1850, Zentralasiatische Studien, 42, p.162, 발췌.)

몽골불교철학의 중심이었던 간단사는 19세기 초에 설립되었다. 수많은 승려가 간단사에서 수학하였으며, 모든 종교를 탄압하였던 사회주의 시기에도 소비에트 연방에 의해 1944년 다시 문을 열어 1990년 체제전환까지 몽골의 유일한 불교사원이었다.

7천 명의 승려가 소속되어 있던 간단텍첸링 사원은 티베트 라싸의 겔룩빠 3대 대표 승원 중 하나인 간덴 사원dGa' ldan chos 'khor의 이름을 딴 것이었다. 간단텍첸링dga' ldan theg chen gling이라는 이름은 미륵보살의 거주처인 도솔천兜率天이라는 의미로 미래에 왕림할 붓다가 세상에 오기 전 잠시 머무는 곳을 뜻하기도 했지만 몽골인들에게 '간단사'는 쫑카빠Tsongkhapa가 티베트에 창건한 간덴 사원을 직접적으로 지칭하는 것이었다. 이는 19세기 초 몽골에서 겔룩빠의 우세를 시사했다. 1838년 5세 복드 젭준담바는 간단사에서 자신의 세력을 보장받기를 원했기에 사원 안에 그의 겨울 궁전이 건설되었다. 울란바토르의 몇몇 승원들과 현종 다창 두 곳, 밀종 다창 그리고 퇴마주술을 주로 담당했던 다창도 간단사로 이전했으며, 간단사는 그 후 몽골에서 불교 교리와 밀교 딴뜨라 수행 및 학습에서 최상급 단계의 핵심 기관이 되었다.

몽골불교사원에서는 현종이 기본적인 교육이념이었기에 대부분 지역에서 현종 다창이 가장 많이 건립되었다. 사원에서 교리 학습을 통한 계도와 설파가 기본적으로 교육되었기 때문이다. 의학 다창은 의학 교육과 연구뿐만 아니라 진료를 펼치는 의원 역할도 함께 맡아 당시 몽골인들에게 없어서는 안 될 전문 의료기관이었기 때문에 다른 다창에 비해 많이 설치되었다. 역법 다창은 불교 교리를 통해 과학과 인문학을 비롯한 예술 소양을 닦을 수 있도록 한 것으로 추정된다. 의학과 역법 다창의 건립이 현종 다창과 비교될 만큼 많았던 것은 19세기 몽골 유목문화에서 실용적으로 보탬이 되는 학문이 요구되었고, 다창은 이러한 요구에 부응했던 것으로 보인다.

다창은 16세기 후반~17세기에 정치적 목적으로 세워졌던 몽골의 사원에 부속되어 있었으나, 18~19세기에 들어 다창에서 배출된 승려들이 몽골 전역에 포진하면서 급속도로 확산되어 지식층 양산의 모태가 되었다. 몽골의 다창은 종교적 · 정치적 기반과 더불어 교육 및 연구기관으로서의 구심점으로서 20세기 초반까지 유지되었다.

관세음보살에 해당하며 · 몽골불교를 상징하는 불상 중 하나이다. 잔라이식은 한국의 간단사 내 멕찌드 잔라이식 다창의 주불(主佛).

간단사 멕찌드 잔라이식 다창 내 윤장대에 옴마니밧메훔 육자진언이 전통 몽골문으로 새겨져 있다.

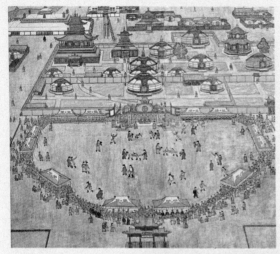

〈후레 참〉 데 담딩수렝 삽화
(몽골 울란바토르 국립 측지학회)

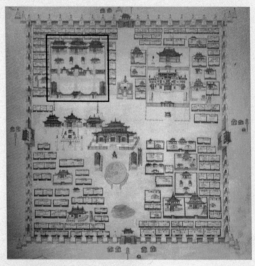

'에르덴 조 사원' 전도
(차강 다리 에흐 박물관)

1850년대 몽골 간단사 주변 전도

다쉬초일링 사원에서 불교의례 참을 연행하는 모습. 쨤스랑(Jamsran)은 몽골인들에게 붉은 수호신이라고도 불리며 모든 사악한 것을 제압하고 모든 동물을 보호한다고 신앙된다.

불교의례 참의 등장인물인 차강 어브겅(흰 노인)의 모습. 몽골인들에게 수명을 관장한다고 인식된다.

간단사 멕쩌드 잔라이식 다창의 모습

간단사 바트차강 대웅전의 모습

간단사 경내의 스투파

몽골의 3대 불교사찰 중 하나인 아마르바야스갈랑트 사원의 내부 모습. 전각과 게르가 함께 자리하는 모습은
몽골 불교사원의 특징 중 하나이다.

아마르바야스갈랑트 사원의 전각 모습

몽골 에르덴 조 사원의 스투파

몽골 에르덴 조 사원의 다창

몽골 부렌 칸 산기슭 셀렝게강 근처에 위치한 아마르바야스갈랑트 사원의 불상

제 3 장

다창의 교학제도와 교과과정

제3장

다창의 교학제도와 교과과정

입학생의 신분

몽골의 일반 가정에서 남자들이 사원에 출가하는 것은 개인의 신분 보장이자 집안의 영광이었다. 대부분 5~8세에 출가하였으며, 집안 형편에 따라 대·소형 사원으로 들어갔다.

청淸에서는 티베트불교 승려를 우대하는 정책을 펼쳤고, 몽골 사람들이 출가하여 승려가 되는 것을 장려하였다. 몽골 사회에서 왕공·귀족부터 보통의 유목민에 이르기까지 남자라면 모두 출가하는 것을 자랑스럽게 여겼다. 17세기에는 왕공과 귀족의 자제 중 한 명은 반드시 불교사원으로 출가시켜야 한다는 법령이 있었고, 19세기 들어서는 몽골 민중 사이에서도 집에 아들이 둘이면 한 명은 승려가 되는 것이 흔했다.

이러한 정책은 청대 이전까지의 학교교육을 변화시키는 촉매제이기도 했다. 16세기 후반부터 다창이 몽골지역에 확산되면서 중앙 및 지방 관립학교와 왕실교육까지도 겔룩빠 불교사원으로 이동하게 되었다. 청대 학교 교육은 팔기八旗교육과 불교사원교육으로 크게 분류되는데, 불교사원은 당시 교육기관으로서 가장 큰 부분을 맡고 있었다.

다창에서 공부하던 승려들은 몽골 사회 각 계층을 출신 배경으로 하는 남자들이었다. 17세기까지 다창에 입학했던 승려들의 신분은 왕공과 귀족의 자제가 대부분이었지만, 사원과 다창의 설립이 급속도로 확산되던 18세기부터는 신분의 제한 없이 출가하여 수행할 수 있었다. 이는 몽골의 라민 게겐 사원Lamyn Gegeen khiid의 내부 규정에서 "누구든지 수행의 의지를 가지고 있으며 연령 조건이 맞다면 사원에 들인다"라고 밝힌 점에서도 확인할 수 있다.

몽골의 활불은 귀족 출신이 많았으나, 평범한 유목민 가정을 배경으로 한 악왕 발당Agvaan baldan(1797~1864), 담딘Damdin(1867~1937) 등이 현재까지도 몽골에서 추앙받는 고승인 점을 보면, 반드시 높은 계급의 출신만이 활불이 될 수 있다는 제한을 두지는 않았던 것을 알 수 있다. 이러한 점은 신분과 재정상태 그리고 나이에 따라 출가하는 사원이 결정되는 티베트 사원과 차이를 보인다. 티베트의 경우 신분이 미천하거나 형편이 어려우면 필요에 따라서는 보증인을 세워야 사원에 들어갈 수 있었다. 따라서 귀족 집안의 출가승과 일반 가정의 출가승은 입문하는 사원과 스승에 차이를 두고 출발할 수밖에 없었다. 부유한 출가승들은 좋은 스승을 모시고 온종일 공부에 매진할 수 있는 반면, 어려운 형편의 출가승들은 사원의 허드렛일을 하며 공부해야 했기 때문이다.

7~8세에 사원의 다창으로 출가한 어린 사미승들은 정식 승려로 승격하는 것이 목표였으며, 정식 승려가 되기까지는 적지 않은 시간을 들여 공부해야 했다.

대규모 다창에는 지방이나 다른 사원의 다창에서 유학 온 승려들도 있었다. 특히 의학 다창에서 수학하는 승려들이 그러한 경우가 많았다. 다른 다창의 구성원들이 10여 년에 걸쳐 자신이 소속한 다창에서 불교학 지식을 공부한 후 의학 지식을 배우러 오는 경우가 많았다. 이러한 승려들의 성적은 모두 우수한 편이었고, 출신 다창에서의 학습을 통해 일정한 기초 지식을 이미 가지고 있었기 때문에 빠르게 학문을 습득할 수 있었다. 개중에는 의술에 뜻을 두는 경우도 있었으며, 이러한 학승들의 학식 수준은 대체로 높은 편이었다. 규모가 작아서 다창이 없었던 사원에서도 이렇듯 우수한 학승들을 선발하여 큰 사원의 다창에 보내고, 공부를 마친 후에는 각자의 출신 사원으로 돌아오게 하기도 했다.

베이징의 융허궁雍和宮을 예로 들면, 청 정부는 학생들의 출신 성분에 대해 엄격한 제도를 시행하였다. 융허궁의 승려는 반드시 몽골의 49기旗와 할하 7부部, 한족 거주 지역과 티베트 지역의 총명한 청소년 중에서 뽑아 올리도록 명확히 규정했다. 1744년 건륭제의 융허궁이 정식으로 불교 사원으로 개조되었을 때, 위에서 이야기한 지역에서 뽑힌 50명의 젊은 승려가 의학 다창에 입학했다. 후에 청 정부는 위에 언급한 각 지역에서 매년 80명의 학예學藝 승려를 선발하여 각 사원의 큰 다창에 입학시켜 공부하게 했으며, 그중 20명은 의학 다창에서 수학하도록 하였다. 『융허궁 안내소雍和宮导观所』에는 다음과 같이 기록하고 있다.

각 자삭zasag은 15세 이상 18세 이하이며 천연두에 걸렸다 나은 자들을 뽑아서, 매년 연말에 관원을 보내 북경 융허궁까지 인솔한다. 그 후에는 그들에 대해 각 관청에 공문을 보내기도 하고 그들을 사원에서 돌보기도 하면서 여러 가지 방법으로 그들을 평가한다. 다음 해까지 머물 수 있는 허가증이 인쇄되는 날에 결정권자인 호탁트Khutagt가 한 사람씩 차례로 나이를 따져본 다음 합격자에게는 해당 사원의 자삭 승려로 머물게 했다. 반면 나이가 조건에 맞지 않거나, 병이 있거나, 소속이 없이 허송하면서 머릿수만 채우는 자는 그들을 북경까지 인솔한 관원 편에 딸려서 돌려보냈으며, 그들이 원래 있던 기旗에서 책임이 있는 자삭에 대해 어떻게 처분을 할지 논의하도록 관청에 보고하였다.

이렇듯 몽골 지방의 대규모 사원과 청 정부가 특별히 관리하던 융허궁 등의 의학 다창에는 수준이 높은 학승들이 모여들었고, 이들은 몽골 전통 의학의 빠른 발전을 가능케 한 인적 자원이었다.

몽골 다창에 입학하는 학승들의 신분이 17세기까지는 왕공과 귀족가문 출신의 자제들이 주를 이루었다면, 18~19세기에 들어서는 다양한 계층의 출신들이 입학하였고, 다창에서 수학하는 승려의 수도 크게 증가하였다. 이러한 양상은 1930년대까지 이어졌으며, 1937년에는 몽골 남자 인구의 1/3가량이 승려 신분이었다. 20세기 초반에는 수행을 위해서가 아니라 세금과 부역을 면제받는 특권을 가진 승려나 활불이 되기 위해 몽골 가정의 남자들이 대부분 사원에 몰리다 보니 몽골 사회의 노동력이 현저히 부족하게 되었는데, 이는 일반 민중에게 과도한 세금이 부과되는 병폐를 가져온 가장 큰 이유이기도 했다.

교과과정과 학위제도

다창에는 자체 규모와 자산을 기준으로 진다zindaa라고 하는 학년이 분반되어 있다. 진다는 티베트 및 몽골지역의 다창에서 학년 혹은 과정별 학급에 해당하며, 공부하는 경전과 난이도에 따라 학년이 나뉘었다. 대규모 사원의 경우 13개의 진다까지 나뉘었으나, 일반 사원의 경우에는 경비와 경전, 혹은 스승이 부족하여 5~8개 정도의 진다가 존재했다.

몽골 다창의 교학 체제는 일반적으로 준비과정Beltgel과 기본과정, 고등과정 세 단계로 나누어 볼 수 있다. 기본과정은 현대 학제와 대비하여 초등, 중·고등, 대학 과정으로 구분할 수 있으며, 각각의 반을 4~5년씩 공부해서 학습 기간을 채우면 13~14년이 소요되었다.

다창의 입학 준비는 5~8세의 남자 아이가 사원에 들어가기 위해 머리를 삭발하고 새 옷을 지어 입는 것으로 시작한다. 입학하는 날에는 존경과 감사의 뜻을 나타낼 때 바치는 비단인 하닥khadag과 기름등잔, 향香, 책을 새로 만든 책보자기에 싸서 준비한다. 다창의 중앙에 와서 세 번 절하고, 시계방향으로 사원을 한 바퀴 돈 후 주전主殿의 불상에 하닥을 올리고 예를 갖추는 것으로 다창에 들어왔음을 알린다. 그 다음날부터는 티베트어와 몽골어 알파벳 암기, 편지 읽기와 쓰기, 경전 암송과 기도, 의식 집전, 부처님과 수호신불에 대한 진언 등을 각 사원의 전통에 따라 몸에 익힌다. 기본 과정인 도드 진다Dood zindaa에 입학하기 위해서는 공부한 내용을 여러 승려들 앞에서 암송하는 공개 시험에 합격해야 했다.

표 1 몽골 다창의 기본 학제 및 교과과정

과정명		과정구분 (대비)	학생 수	교육 장소	과정 기간
준비과정		유치원	단독, 1명 이상	스승의 자택, 다창	1~3년
기본 과정	도드 진다	초등학교	10~20명	다창	5년
	돈드 진다	중·고등학교	10~20명		4년
	아흘라흐 진다	대학교, 전문학교	10~20명		4~5년

기본 과정은 지금의 초등학교 과정에 해당한다. 도드 진다에서는 본격적인 학습에 앞서 기본 경전 암기와 다창에서의 학습 자세, 예불 준비 등을 익혔다. 기초반의 학승들은 매일 아침 전날 받은 과제의 대해 질문을 받고 답변해야 했다. 담임승려는 티베트어로 된 교재에서 그날의 과제를 읽어주고, 몽골어로 설명했다. 또한 학승들은 매일 티베트어로 적힌 39개의 경문經文을 암기하고 기도자로서의 마음을 다져야 했다. 이러한 과정은 다창에서 기초 소양을 다지고 습득한 지식을 토론에서 응용하기 이전의 첫 단계로서 필수적인 훈련이었다.

돈드 진다Dund zindaa는 현재의 중·고등학교 과정에 해당한다. 돈드 진다에서는 공통적으로 바라밀다波羅蜜多 과정을 수학하였으며, 각 분과별로는 역학과 의학, 성률학聲律學과 어학을 공부했다.

아흘라흐 진다Akhlakh zindaa는 현대의 대학교 과정에 해당한다. 아흘라흐 진다에서는 공통적으로 중관中觀을 공부했다. 또한 현종과 역학, 의학 외에도 예술학, 시학詩學, 사조학辭藻學, 문장학文章學, 희극학戲劇學 등을 선택하여 전문적으로 배울 수 있었다.

다창의 기본과정을 마친 후 보다 전문지식을 탐구하고 현대의 대학원에 진학하고자 하는 승려는 도민 담자Domyn damjaa 과정에 올랐다. 학승들은 아흘라흐 진다에서부터 본인이 원하는 세분화된 전공을 선택하거나, 혹은 스승의 분반에 따라 전공과정에 들어가기도 했다. 이 과정을 마친 승려는 현대의 석사학위에 해당하는 겝쉬Gevsh 학위를 수여받았다.

현대의 대학원 학제에 해당하는 과정은 분과별로 내용이 달랐지만 공통적인 내용을 정리하여 보면 다음과 같다.

가람빈 담자Gaarambyn damjaa는 현대의 박사과정에 해당하며, 스승에게 단독으로 배우는 형태였다. 현종, 의학, 역법과 예술 분과의 전문지식

표 2 몽골 다창 고등과정의 학제 및 교과과정

과정명		과정구분 (대비)	학생 수	교육 장소	과정 기간	교과명
고등과정	도민 담자	석사과정	단독~ 10명	다창	4년	문장학, 천문학, 성상학, 예술학, 희극학, 사조학
	가람빈 담자	박사과정	단독	다창, 스승의 자택	4~14년	현종, 역법, 의학 전문지식 습득
	악람빈 담자	과학 박사과정	단독	스승의 자택	5년 이상	밀종

을 갖추는 것을 목표로 하여 그 기간은 4년에서 14년까지 소요되었다. 이 가람빈 담자 과정을 마치면 현대의 박사학위에 해당하는 가브찌 Gavj 또는 십고 十苦를 모두 통달한 사람이라는 뜻의 아르왕 베르힉 메덱치 Arvan berkhiig medegch 학위를 수여 받았다.

악람빈 담자 Agrambyn damjaa는 밀종 密宗의 박사후과정으로, 현종, 의학, 역법 등을 수학하여 박사학위인 가브찌 학위를 받은 이후, 본존요가 本尊瑜伽, Devatabhisamaya를 비롯한 밀교 tantra의 4대 수행을 위한 과정이었다.

19세기까지 확인되는 몽골 내 다창은 492개소에 달하지만, 학위를 수여하던 다창은 18개소에 지나지 않는다. 석·박사 과정에 해당하는 학위를 취득하려면 학위 수여가 가능한 다창으로 가서 공부해야 했다.

몽골의 간단사 등 대형 사원에서는 매년 2~4명에게 겝쉬 이상의 학위를 수여했으며, 중급 규모의 사원에서는 1~2명에게 학위를 주었다. 일반적으로 사원의 승려가 다창에서 초급과정만을 수학하고 심화 학습을 하지 않았다면 학위를 받을 자격이 없었다. 학위를 취득하려면 큰 사원에서 더 공부한 후 시험을 치러야 했다. 또한 사원의 영향력, 다창 규모 등이 서로 다르고 학문의 수준에도 차이가 있었기에 승려들은 영향력이 큰 사원에서 학위를 취득하고자 했다.

학위 시험 시기는 음력 정월에서 6월 사이로, 시험 장소는 다창의 경당經堂 앞 광장이었다. 시험은 사원의 주지가 주최하고 다창 전체의 승려들이 참여했다. 5~7명의 고승들이 시험평가위원회를 조직하여 각각 오부대론의 내용을 출제하고 학승들이 하나하나 답변하게 했는데, 시험장은 크고 분위기는 엄숙하며 문제 또한 어려워서 학승들은 매우 긴장하게 된다. 답변을 거친 후 시험 평가위원들이 점수를 매기고 평소 성적까지 포함하여 수험생들의 등수를 정해 회의에 보고한 다음 비준을 받아 다창 전체 회의에서 등수를 발표하고, 학위 수여 의식을 거행했다.

시험에 참여한 승려는 시험 전에 원만한 시험 합격과 좋은 등수를 위해 사전에 다창의 책임자와 시험 총책임자에게 많은 예물을 바쳤다. 등수에 든 후에도 다창의 주지인 함바Khamba, 감독 승려인 게스구이Gesgui, 경전 강독 승려인 옴자드Umzad에게 예물을 바치는데, 개인의 형편에 따라 하닥, 은화銀貨, 마제은馬蹄銀, 비단, 의복 등의 물품이었다. 또한 사원 전체 승려들에게 식사를 공양하고 선물을 보시했다. 학위를 받기 위해서는 20년 정도에 걸쳐 공부에 들인 힘든 노력 이외에도 이렇게 큰 돈을 지불해야 했는데, 일부 승려는 평생 모은 돈을 이때 써 버리거나 심지어 무거운 빚을 지기도 했다. 하지만 티베트와 몽골불교에서는 고등 학위를 받기만 하면 종교적 지위와 사회적 지위를 함께 가진 고위급 승려가 되고 이와 동시에 명망이 대단히 높아져 밝은 미래가 보장되었으며, 사원은 학위를 취득한 승려를 재능과 소질에 따라 임용했다.

승려가 계속 학문에 정진하고자 결심하고 가브찌와 악람바Agramba 이상의 높은 학위를 취득하기 위해서는 청해青海나 감숙甘肅, 티베트의 라싸로 유학을 해야만 했다. 청해의 타르굼 사원Sku 'bum byams pa gling, 감숙의 라브랑Blab rang bkra shis 'khyil 사원, 라싸의 3대 승원에 가서 계속 공부를 하여 하람빠Iha rams pa, 촉람빠Tshogs rams pa, 도람빠Rdo rams pa 등을 취득하면 그 명망이 더욱 빛났다. 특히 티베트불교 문화권에서 추앙받는 신앙의 성지인 라싸의 3대 사원에서 하람빠 학위를 받은 승려는 몽골로 돌아온 후 활불에 준하는 자격을 얻을 수도 있었다. 때문에 몽골뿐만 아니라 청해, 운남, 사천에 거주하던 사원의 승려들도 조건이 허락하면 라싸의 사원에서 공부하길 원했다. 라싸의 사원들은 이러한 조건을 제공해주는 대신 재정적 공양을 받았다. 이는 사원의 승려가 정치 · 종교의 중심지인 라싸에 가서 단기간에 사원 유학을 하는 셈이었다.

티베트력으로 정월에 티베트의 중심인 라싸에서 행해지는 시험에 합격하면, 하람빠라는 학위를 받는다. 이때에는 전국 각지의 겔룩빠 승려가 모두 모인 자리에서 다른 승원의 승려와 함께 논쟁 시험을 치르게 된다. 따라서 하람빠는 이러한 시험을 모두 합격한 티베트 승려가 받을 수 있는 최상위 학위였으며, 현대의 박사학위 이상의 영예에 해당한다. 하람빠 학위는 라싸의 3대 사원에서만 수여했기에 몽골의 승려들은 라싸에 가서 이 학위를 목표로 더 깊은 공부와 수행에 정진하기도 했다.

몽골 다창의 교학제도를 하나의 도표로 요약하면 다음 표 3과 같다.

다창의 교육 목적은 크게 두 가지로 나누어 볼 수 있다. 가장 큰 목적은 상급 교육 과정인 겝쉬, 가브찌 등 석 · 박사 학위를 받을 수 있는 대형 사원의 다창으로 진학하기 위한 준비였다. 대개 도드, 돈드, 아흘라흐 진다의 기본 교육과정은 21세가량에 마치게 되었고, 이 중 우수한 학승들은 가람빈 담자로 진학하기 위하여 학위를 수여하는 다창으로 옮겨 배움을

표 3 몽골 다창의 교학제도 체계

과정 구분	나이	학습내용					과정대비
	36~44세	악람바 학위 과정 본존요가를 비롯한 밀교 딴뜨라의 4대 수행					밀종 과학박사 과정
		가브찌 철학박사 학위과정					박사과정
		대오명			소오명		
가람 빈 담자	22~35세	철학			천문학, 점성학		석사과정
아흘라흐 진다	17~21세	심리학, 교육학, 예술학	음성학, 어학	의학	역학	미학, 문학, 번역학, 희극학, 사조학	대학 학사과정
돈드 진다	13~16세	바라밀다 과정					중·고등 과정 6~9학년
도드 진다	8~12세	학습을 위한 기본 자세, 기본 학습법					초등과정 1~5학년
준비반	5~7세	티베트어 알파벳 암기, 전통 몽골문 읽고 쓰기, 진언 암기 및 임송					

계속하였다. 그러나 겝쉬 이상의 학위과정에 진학하지 않을 학승들에게 는 이러한 목적보다 티베트어와 전통 몽골문을 읽고 해석하며 불교 지식 을 이해함으로써 일반교양이나 생활 의례, 관혼상제 등에 대한 교양을 익 히는 것이 더 큰 교육의 목적이었다.

다창에서 아흘라흐 진다까지의 교육과정을 마치게 되면 지역 사회에 서 교양인으로 살 수 있었다. 다창에서 수행과 몸가짐의 방법을 배운 것 은 물론이고, 티베트 경전과 전통 몽골문을 읽고 쓸 줄 알았기 때문이다. 또한 신도들에게 택일擇日과 점술, 수호신불에 대한 부적符籍 판매 등도 가능하여 지역 사회에서 신임을 얻는 승려로서의 역할도 할 수 있었다.

이렇듯 다창에서 공부한 모든 학승이 학자의 길을 가지는 않았고, 몇

몇 학생들은 무역중개를 배우거나 다창의 공방에서 미술과 공예를 배워 세속의 물품을 만드는 전문가가 되기도 하였다. 때문에 다창은 불교적 지식과 교양함양뿐만 아니라 언어와 과학, 예술 및 종합학문을 함께 가르치는 곳이었으며, 17~19세기 몽골에서 직업 교육 기관으로서의 역할도 함께 수행했다.

대학원 과정에 해당하는 가람빈 담자에서는 보다 세분화된 전공을 선택하거나 스승의 분반에 따르기도 했다. 가람빈 담자에서는 철학, 의학, 시륜, 천문역법 분과에서 보다 세분화된 전문지식을 습득하여 심화연구를 하였고, 박사과정을 마치면 가브찌 학위를 수여받았다.

몽골에서 최고 학위에 해당하는 악람빈 담자는 밀교의 딴뜨라 수행을 위한 과정이었다. 이 악람바 학위과정의 경우 가브찌 학위 소지자만이 진급할 수 있었다. 악람빈 담자는 현대 몽골 학제에서 박사학위 소지자가 보다 깊은 학문 연구를 수행한 후 받는 최고의 학위인 쉰찔레흐 오하니 독토르Shinjlekh ukhaani doktor와 비교할 수 있다.

학습내용과 학습방법

다창의 학습내용

다창에서 이루어지던 기본 공통 학습의 목적은 정확한 논리학, 논쟁을 하기 위한 구술 규칙, 추론식 패턴과 문법적 구조, 이 세 가지를 습득하기 위함이라고 알려져 있다. 또한 겔룩빠에서는 승려의 지적 단계를 높이기 위한 훈련으로서 논리학을 가르치고, 이는 난해한 불교철학을 이해하는 데 필수적인 과정이라고 여긴다. 겔룩빠 다창에서 행해지는 논쟁에서는 논리적 판단력과 설득력 등 실천적 사고의 기술을 닦기 위해 고안된 엄격한 규칙을 따라야만 한다.

기본 공통 수학 과정에서 배우는 것은 주로 경전과 논서의 핵심주제를 다섯 가지로 요약한 내용으로, 처음에는 논리학, 다음에는 반야바라밀다, 중관, 계율, 구사론에 대해 단계적으로 학습한다. 상 · 중 · 하로 나뉜 기초과정은 논리학 저술들을 보기 이전의 논리학 단계이며, 용어와 분류 등 주요 요점들을 초급자들이 이해하기 쉽도록 티베트 학자들이 별도로 저술한 내용을 위주로 본격적인 수학에 앞서 기초를 다진다.

다창이 설치된 지역과 규모에 따라 종합적인 다창이 존재하기도 하고, 분야별 다창이 독립적으로 설립되기도 하였으나, 어느 다창에서든 필수적으로 학습하는 내용은 대동소이하였다. 티베트와 내 · 외몽골, 암도 및 부리야트 지역 다창의 기본 공통 수학과정에서 배우는 과목을 한국어, 한자, 몽골어, 티베트어, 산스크리트어 순으로 정리하고 주요 텍스트를 병기하여 보면 다음과 같다.

표 4 다창의 기본 공통 수학 과목과 경전

과목	교과서
인명因明 (Намдил, tshad ma, Skt. pramāṇa)	『양평석量評釋(Pramāṇavārttika)』
반야般若 (Парчин, phar phyin, Skt.prajñāpāramitā)	『현관장엄론現觀莊嚴論 (bhisamayālaṃkāra)』
중관中觀 (Ума, Төв үзэл, dbu ma, Skt. madhyamaka)	『입중론入中論(Madhyamakāvatāra)』
율律 (Винай, 'dul ba, Skt. vinaya)	『율경律經(Vinayasūtra)』
구사俱舍(Авидарма, mngon mdzod, Skt. abhidharmakośa)	『구사론俱舍論(Abhidharmakośa)』

논리학의 주요 과정들은 인도의 디그나가Dignāga가 지은 『집량론集量論』과 그 주석서, 논사 다르마끼르띠Dharmakīrti가 지은 『인명칠론因明七論』을 위주로 단계적으로 진행된다.

이 외에도 각각의 사원마다 익차yig cha라고 하는 논평·주장·반박 세 가지에 대한 다양한 주석서들을 함께 학습한다. 학승들은 익차의 학습을 통해 서로 논쟁하고 경쟁함으로써 풀리지 않았던 의문점들을 해결하고 새로운 시각으로 학습 능력의 진보를 이루어 나간다.

반야바라밀 수업 5단계에서는 마이뜨레야Maitreya가 저술한 『현관장엄론現觀莊嚴論』과 이에 대한 20여 종의 주석서, 티베트 학자들이 지은 주석서와 부주석서들을 주로 하고, 기타 『미륵학이십론彌勒學二十論』과 이에 대한 해석을 배운다. 중관中觀 수업에서는 나가르주나Nāgārjuna의 저작 『중관이취육론中觀理聚六論』·아리야데바Āryadeva, 붓다빨리따Buddhapālita, 바비베까Bhāviveka 등이 지은 저술들과 짠드라끼르띠Candrakīrti의 『입중론入中論』 및 이에 대한 주석서들을 주로 공부한다. 계율을 배울 때에는 구나쁘라바Guṇaprabha가 저술한 『근본경장根本經藏』을 중심으로, 『별해탈경別解脫經』과 『사분률四分律』 등 율장과 이에 대한 의미를 설명한 일반 주석서를 학습한다. 『아비달마구사론阿毘達磨俱舍論』 단계에서는 바수반두Vasubandhu가 지은 『구사론』 원전과 그 주석서를 학습한다.

이러한 과정은 기초 과정 수업 3단계에 3년, 반야바라밀다 수업 5단계에 5년, 중관 수업 3단계 각각에 2년씩 6년이 걸리며, 마찬가지로 계율 수업 2단계와 구사론 수업 2단계에 걸리는 기간도 중관 수업과 동일하다.

한편 티베트 다창에서는 불교철학과 논리학을 최고로 치며, 공부할 만한 충분한 힘을 갖지 못한 사람들이 불화 제작, 불상 조각, 음악, 건축과 기술 등의 분야에 종사한다고 여기지만, 몽골에서는 기본 공통 수학 과정에서 전통 몽골어, 음악, 무용, 미술, 역사를 가르치는 점으로 미루어 볼 때, 티베트와는 다르게 학습을 통한 지식 및 교양 함양과 교화가 목적인 것이 확인된다. 특히 어문학과 예술, 이공학, 역사 등을 기초 과정에서 본격적으로 가르쳤는데, 이는 승려가 갖추어야 할 덕목인 십명十明 중 대오명大五明과 소오명小五明을 고르게 학습시켜 불교 철학뿐만 아니라 다양한 방면의 인재를 육성하고자 했음을 확인할 수 있다. 십명은 외오명과 소오명, 대오명과 소오명으로 나뉘기도 하는데, 그 분류에 있어 종파와 지역마다 차이를 보인다. 몽골의 대오명과 소오명을 기준으로 한국어와 몽골어, 티베트어, 산스크리트어를 함께 정리하면 다음 표와 같다.

표 5 몽골불교의 대오명과 소오명

오명의 분류	한국어	몽골어	티베트어	산스크리트어
대오명	성률학聲律學	Дуун ухаан	sgra rig pa	śabda
	의학醫學	Тэжээхүйн ухаан	gso ba rig pa	cikitsā
	예술학藝術學	Урлахуйн ухаан	gzo ba rig pa	śilpa
	정리학正理學, 논리학論理學	Нонлох ухаан	gtan tshig rig pa	hetu
	불학佛學	Дотоод ухаан	nang rig pa	Dharma
소오명	문장학文章學, 수사학修辭學	Найруулга зуй	sdeb sbyor	chanda
	천문학天文學, 성상학星象學	Одон зурхай	skar rtsis	jyotişa
	희극학戲劇學	Цам бүжиг	'cham	nāṭaka
	사조학辭藻學	Илт өгүүлэх нэр	mndon brjod ming	abhidhāna
	시학詩學, 운율학韻律學	Яруу найргийн онол	snyan ngag	kāvya

소오명을 가르치는 조르하인 다창Zurkhain datsan은 인문학, 예술, 이공학을 전문적으로 교육하여 해당 분야 전문가를 양성하는 학교의 역할을 맡고 있었다. 몽골 조르하인 다창의 교과과정은 현종 다창과 의학 다창, 밀종 다창의 철학 및 논리학 과정과도 연계되어 있었으며, 학습 강도 또한 다르지 않았다. 조르하인 다창의 학습 내용은 다음과 같다.

표 6 몽골 조르하인 다창의 학습 내용

분야	학습 내용
어문학	원전학, 번역학, 티베트어, 전통 몽골어, 소욤보 문자
예술	음악, 무용, 미술, 공예, 조각, 목판
이공학	수학, 건축, 점성학 이론
역사	몽골 역사, 티베트 역사, 인도 역사

몽골의 조르하인 다창에서는 경전과 논서에 대한 학습을 통해 형성된 불교 세계관과 관점을 각자가 가진 재능과 기술을 통해 직접적으로 표현하는 것을 목표로 삼았는데, 이러한 과정은 학승들에게 자아성찰과 심신 수련 방법의 하나로 여겨졌다. 이렇게 조르하인 다창에서 탄생한 저작들과 예술품들은 오늘날까지 몽골인들의 유산으로 남아있다.

앞서 논의하였듯이 티베트 다창이 불교 철학과 논리학, 경전의 주해와 논쟁에 핵심을 둔 교육을 행했다면, 몽골 다창에서는 불교 철학에 대한 학습과 함께 전통 몽골어와 당시 소욤보Soyombo 문자에 대한 학습, 티베트어와 산스크리트어 번역, 수학과 건축, 예술 전반에 대한 학습이 광범위하게 이루어졌음이 주목된다.

특히 17~19세기 몽골에서 상당수의 저작물이 티베트어로 저술된 데에 비해, 기초 필수 과정에 전통 몽골어와 소욤보 문자 수업이 있었다는 것은 다창이 티베트의 학제와 교과과정을 빌려왔지만 몽골에 안착하는 과정에서 현지화되었음을 직접적으로 보여주는 한 예이다.

다창의 주요 학습방법

몽골 다창에서는 '놈 하얄창Nom khayaltsan', 즉 논쟁과 변론辯論을 통한 논리적 추론을 학습하는 방법으로 학승들이 경전의 이론에 대해 깊이 이해할 수 있도록 했다. 구두로 진행되는 변론이지만 내용은 심도 깊은 불교 경전 전반에 관한 치열한 토론이다.

변론제도는 티베트 겔룩빠 주요 사원에서 유래하였으며, 논증방법과 개념을 다루는 방식, 정의하는 방식 등은 고도로 규칙화된 수학적 논증에 의해 진행되었다. 논쟁법에 대해서는 별도의 해설 텍스트를 통하기보다 스승으로부터 직접 구두로 배우는 편이 일반적이었다.

논쟁을 이해하기 위한 규칙에는 두 가지 관점이 있다. 한 가지는 개개의 논증식 구조이고, 또 한 가지는 논쟁의 진행과정이다. 전자는 하나의 논증식을 구성하는 구성요소와 그 역할 및 논증식 자체의 구조를 뜻하며, 후자는 논증식을 반복하며 대론자들이 논쟁을 해가는 과정에 관한 규칙이다.

논쟁을 하는 학승들은 두 입장으로 나뉜다. 즉 처음에 주장명제를 선언하는 사람과, 그 주장명제의 시비是非를 판단하는 논증식을 세우면서 논쟁을 주도해 가는 사람이다. 일단 논쟁이 시작되면, 처음에 주장명제를 선언했던 사람은 상대가 제기하는 논증식에 대해서 정해진 형식으로 대답해야 한다.

논쟁을 할 때 상대방의 의견을 제거하기 위해 반론으로 제기된 근거들은 하나의 논쟁에만 국한된 것이 아니며, 다른 논제의 논쟁에도 응용될 수 있다. 다시 말해 충분한 연습을 통해 다양한 주장과 근거들을 자유

자재로 응용하는 것을 몽골불교사원 학습법의 특징으로 꼽을 수 있다. 책 속의 내용을 익히기보다는 실제로 사용되는 논리 방식을 연습하여 체득하는 것에 더 큰 비중을 두어야 한다.

학승들의 경론 훈련은 보통 낮 12시에 시작되며 오후 5시가 되어서야 끝난다. 일반적으로 저학년의 학승들이 먼저 변론대회장에 입장한다. 그리고 박수를 치며 소리를 지르는 것으로 사전 준비를 하고, 잠시 후에 고학년 학승들이 입장한다. 경론을 훈련할 학승들이 모두 입장하면 간단한 의식을 주관하고 질서를 잡는 두 명의 고승이 들어선다. 이들이 들어서면 모든 승려들이 일어서서 박수와 고함으로 존경을 표시한다. 경론 시합이 절정에 오를 때쯤이면 주관하는 사원의 주지가 격려차 참관하기도 한다.

다창의 변론에서 일반적인 형식은 강당 앞 광장에서 여러 승려들이 둥글게 둘러앉고, 변론에 참여하는 사람이 그 가운데 선 후에 순서대로 변론을 진행하는 것이었다. 변론 형식은 규정 형식과 자유 형식 두 종류로 나눌 수 있었다.

규정 형식의 변론은 변론 참가자를 갑과 을 양편으로 가르되 갑 쪽에는 여러 사람이, 그리고 을 쪽에는 한 사람으로 나누어 둔다. 갑 쪽의 몇 사람이 질문을 던지고 따져 물으면서 을 쪽에 대답을 요구하면 을은 오로지 질문에 대답만 해야 했고 반론을 할 수는 없는 방식이었다. 갑 쪽에서는 마음대로 문제를 많이 내거나 꼬투리를 잡을 수도 있었으며 을의 대답이 약간이라도 순조롭지 못하면 손뼉을 치면서 크게 소리치기도 하고 손으로 을의 옷을 잡아당기기도 했다. 또한 염주로 모자나 옷소매를 치고 여러 가지 방법으로 을을 비꼬며 책망하는 등의 행동으로 좌중의 웃음거리로 삼았으며 심지어는 인신공격을 하며 망신을 주었다. 이때 을은 반드시 평정심을 유지하며 정신을 집중하여 문제에 대답하고, 화를 내거나 소란을 피우는 것은 엄격하게 금지되었다.

규정 형식의 변론은 다창 내부 혹은 학년 안에서 진행되었다. 다창에서 변론이 진행될 때에는 다창의 경전 강독 스승인 옴자드Umzad가 주재했으며, 주지승인 함바Khamba, 철봉을 들고 다니며 학승들의 기강을 잡는 게스구이Gesgui 등이 진행과 감독을 맡았다. 이 밖에도 다른 다창에서 책임을 맡고 있던 승려들과 학승들을 초청하여 참관하게 하기도 했다. 각 학년에서 변론이 이루어질 경우에는 학년의 경전 스승이 주재하고, 그 다창의 경전 스승과 철봉승 등을 초청하여 진행 상황을 감독했다. 주지승과 다른 다창의 담당 승려가 자리하는 경우도 있었고 다른 학년의 학승들도 이 행사에 참가하여 변론을 들을 수 있었다. 이러한 행사는 엄숙하면서도 긴장감 있게 진행되었다.

반면 자유 형식의 변론은 이에 비해 간단한 편이었으며 일반적으로 몇 사람이 자유롭게 모여서 진행했다. 변론에 참가하는 사람들이 갑과 을로 나뉘어 갑이 문제를 내면 을이 대답하고, 그 다음에는 을이 문제를 내고 갑이 대답을 하는 방식으로 진행되었다. 답변은 형식에 얽매이지 않고 자유롭게 할 수 있었으며 질문을 받으면 반론할 수 있었다. 하지만 바르고 정숙한 자세를 유지해야 하고 소란을 피우거나 다투는 것은 금지되었다.

각 다창에서는 자주 변론 법회가 열렸다. 현종 다창에서는 반야학, 중관학, 구사학의 경전 내용에 대하여 논증식을 반복하며 논증의 규칙과 추론를 익히고 논리적인 논쟁방법을 통하여 학습했다.

의학 다창의 경우 인체 생리, 질병의 원인, 병리 분석, 치료 이론, 약물의 성질, 약재 배합 원리, 약재 사용 방법, 질병의 종류, 치료 효과 등 주로 의약학 이론 과목에 대한 변론이 이루어졌다. 학승들은 두 명이 짝이 되어서 그날 배운 내용을 묻고 대답하면서, 자신이 배운 내용을 완전히

소화하게 된다. 이렇게 철저히 교학을 배우는 기본과정은 최소 10년 정도가 소요되었다.

몽골 다창의 학승들은 티베트의 형식을 따라 이러한 변론과 논증과 토론학습 방법을 통해 논리력을 함양했을 뿐만 아니라 표현 능력도 단련하였고, 이는 탄탄한 교리학습과 풍부한 설법을 할 수 있는 원동력이 되었다.

현종과 밀종의 학습 내용과 교재

17~19세기 몽골 다창은 불교사원에 부속된 교육이었기에 현종에 대한 배움과 가르침이 가장 우선시되었으나, 의술과 역법, 어학과 번역, 문학, 예술 등 다른 분야의 교육에 있어서도 차등을 두지 않았다.

청대 몽골지역의 겔룩빠 불교사원은 교육기관인 다창을 통하여 종교, 문화, 교육의 중심지가 되었다. 겔룩빠 불교가 몽골에 전파되던 초기에 사원 교육의 중심은 대부분 티베트 출신 또는 티베트에서 유학한 학승들이 맡았고 교재 또한 티베트의 것을 가져와 학습하였지만, 다창과 사원이 확산되고 시간이 흐르면서 18~19세기에는 몽골인들 중에서도 뛰어난 불교학자들과 고승이 다수 배출되었다.

다창 설립 초기에는 교육체계도 티베트의 것을 수입해왔기에 티베트어 학습은 필수적이었다. 몽골인들 사이에서 티베트어를 배우는 것은 몽골어를 배우는 것보다 더 품격있는 것으로 여겨졌으며, 승려들의 저술활동에서도 티베트어 저작물이 대다수를 차지하였다. 18세기 이후 다창은 명실상부한 중앙 및 지방 교육의 중심이 되어 번성하면서 역경譯經 사업과 함께 고승들의 저작물도 다수 출판하였다. 사원에서 책을 간행하고자 의결하면 곧 이를 담당하는 인쇄소가 열렸고, 서적 출판 비용은 해당 사원의 종무소와 귀족들의 출자 및 백성들의 시주금으로 이루어졌다. 그리고 서적 간행을 위한 임원을 별도로 선출하여 진행하였다. 여러 해가 걸리고 경제적으로 막대한 예산이 들어가는 서적의 간행은 사원 한 곳만이 아니라 해당 지역 또는 하나의 부部에 이르는 큰 사업이었다. 한 자, 한 획에까지 정성을 쏟는 서적 간행 작업은 그 자체가 학승들에게 교훈적인 의미를 주는 것이었다. 다창에서의 본격적인 번역과 출간이 활발해지면서, 대형 다창에는 티베트어와 몽골어로 제작된 목판 인쇄물과 필사본 원고를 구비한 도서관이 별도로 설치되었다.

현종 다창은 티베트불교의 기본적인 경전을 학습하며 연구하는 다창으로, 속한 인원도 제일 많아서 각 사원 수행승의 2/3 정도를 차지했다. 학습기간은 약 21년 정도였으며, 졸업 후 매년 1회씩 치러지는 시험을 통해 학위를 취득했다.

18세기부터 20세기 초반까지 몽골에서 간행된 오부대론五部大論과 관련된 주해서와 번역서, 강론서는 셀 수 없이 많다. 다창의 서고를 빼곡하게 채울 정도로 많았던 경전과 주해서들은 1937~1938년 사회주의 도입으로 인한 외몽골 전역에서 시행된 사원 폐쇄와 승려의 숙청으로 많은 부분 소실되었다. 1990년대 체제 전환 이후 몽골불교계와 철학계가 주축이 되어 경전과 주해서를 몽골문화유산으로서 재조명하고 활발히 조사를 진행하고 있다.

다창에서 보유하고 학습하던 오부대론에 대한 경전과 논서, 주해서는 심오하고 방대한 내용을 포함하며, 몽골불교 철학의 정수를 다루었다. 이 내용을 모두 언급하는 것은 본서의 범위를 넘어서는 것이기에, 본 장에서는 몽골 현종 다창에서 필수적으로 수학하였던 내용을 위주로 제한하여 설명하고자 한다.

현종 다창의 주요 교육 목표는 승려들이 학문을 깊이 연구하고 오부대론의 연구에 집중하도록 하여, 그 내용에 정통하고 본질적인 정신을 이해하는 동시에 해석 및 응용을 해낼 수 있도록 양성하는 것이었다.

특히『구사론』이 티베트와 몽골, 또한 중국 불교에 미친 영향은 심대하며, 티베트어 번역과 주석 저작들도 매우 많다. 이 저작들은 티베트 대장경의 단조르Danjuur에 수록되어 있다. 그 밖에 티베트와 몽골의 겔룩빠 고승들도 많은 저작을 남겼는데,『구사론』에 대한 겐뒨둡빠의 주석과 논술은 모든 수행승들이 반드시 익혀야 하는 교재였다.

이러한 경전들은 분량이 방대하고 그 이론이 심오하여 이해하기 어렵기 때문에『구사론』은 현종 다창의 마지막 과정에 배정되었으며 가장 중요한 과정이기도 했다. 과정을 다 마치는 데 규정된 시간은 없었으며, 일반적으로 5년, 8년, 심지어 10년간 학습과 수행이 일정 수준 도달해야 졸업을 할 수 있었다.

밀종 다창은 현종과 의학, 시륜 다창에서 박사학위인 가브찌를 소지한 승려만이 진학할 수 있었다. 이는 밀종 다창에서 학습하는 내용이 가브찌에 이를 정도로 학식이 깊은 승려가 보다 심오한 수행을 하기 위해 본존불의 색신色身과 법신法身을 성취하는 과정과 관련되었기 때문이다. 또한 밀종이 현종보다 더 높은 경지이며 수행과 밀교 경전을 4부, 즉 사부事部, 행부行部, 유가부瑜伽部, 무상유가부無上瑜伽部로 나누어 밀교의 수행단계를 규정하였기 때문이기도 하다.

몽골의 밀종 다창에서 학습하는 주요 경전을 소개하면 다음과 같다.

『비로자나성불경毘盧遮那成佛經』은 대일경大日經의 이칭異稱으로, 비로자나불이 금강법계궁金剛法界宮에서 금강밀주金剛密主 등을 위해 설법한 경이라고 전한다. 주로 밀교의 기본 교의, 각종 의례, 수행법, 밀종의 여러 본존本尊들을 공양하는 방법, 만다라, 아비셰까abhiṣeka, 관정灌頂 의례법 등을 서술하고 있다. 『밀집금강근본경密集金剛根本經』은 주로 본존에 대한 공양 방법, 수행 방법, 만다라, 아비세까 의례법 등을 서술한다. 『낙승금강근본경樂勝金剛根本經』과 『대위덕금강근본경大威德金剛根本經』 또한 주로 본존에 대한 공양 방법, 수행 방법, 만다라, 아비세까 의례법 등을 서술한다. 『생기차제生起次第』, 『원만차제圓滿次第』에서는 주로 본존에 대한 공양 방법, 수행 방법, 만다라, 아비세까 의례법 등 경전의 본문, 소疏와 주석을 해설한다. 『금강경金剛經』은 원명原名이 『금강반야바라밀경金剛般若波羅密經』으로 밀교의 주요 소의所依 경전 중 하나이다. 밀교 교파의 이론, 교의, 수행 의례를 상세히 서술한다. 『금강정경金剛頂經』은 원명이 『금강정일절여래진실섭대승현증대교오경金剛頂一切如來眞實攝大乘現證大敎五經』으로 이 역시 밀교의 주요 소의 경전 중 하나이다. 밀교의 종지宗旨와 독특한 수행 의궤를 상세히 논술한다.

『보리도등론菩提道燈論』은 아띠샤Atiśa의 저술서로, 주로 불교 신도가 처음으로 스승을 섬기고 석가모니를 믿는 것에서부터 마지막으로 성불과成佛果를 성취하는 전 과정을 서술하고 있다. 수행자를 세 부류, 즉 삼도사三道士로 나누었는데, 첫 번째는 하도사下道士이다. 모든 사람은 다 죽기 마련인데, 죽으면 공空하게 되고, 사람이 죽을 때 갖고 있던 명리名利, 보배, 재산, 친척 등은 모두 가지고 갈 수 없으며 자기 몸조차도 갖고 가지 못한다. 그러므로 수행하는 사람은 불법佛法을 열심히 배워서 불佛, 법法, 승僧 삼보三寶에 귀의하고 선업을 많이 행하며 삼악취三惡趣라는 고통의 바다에 빠지지 않도록 덕과 복을 쌓아야 하는데, 이로써 '하도사는 억지로라도 방편을 통해 자신의 안락함을 항상 구하는 것下士勒方便, 恒求自身樂'에 이르러야 한다. 두 번째, 중도사中道士는 불교도라면 마땅히 열심히 계戒, 정定, 혜慧의 삼학三學을 수지해서 해탈의 열매를 얻어야 한다는 것이다. 세 번째, 상도사上道士는 불교도 자신이 해탈의 열매를 얻었지만 이를 원만圓滿하다고 해서는 안 되고, 중생을 두루 제도하려는 소망이 있어야 하며, 보리심을 발하여 6도六度, 보시布施, 지계持戒, 인욕忍辱, 정진精進, 선정禪定, 지혜智慧를 실행해야 한다는 것이다. 이로써 자신을 제도하고 또 다른 사람을 제도할 수 있으며, 중생을 두루 제도하여 영원히 고통에서 벗어나 즐거움을 얻고 해탈하여 성불할 수 있다. 『보리도등론』은 밀교가 현종보다 더 높은 경지이며 수행과 밀교 경전을 사부, 행부, 유가부, 무상유가부로 나누는 견해를 제시하고 밀교의 수행 단계를 규정하여 불교도가 밀교를 수행하는 준칙이 되었다.

『밀종도차제광론密宗道次第廣論』은 쫑카빠의 저술서이다. 밀교 교학의 중요한 저작이며, 무상요가부를 핵심으로 밀교의 4부 교학을 개괄하면서 수행 단계, 의례 방법, 법기法器 사용 등을 상세하게 논술했다.

한편 밀종의 수행자를 수호해주고 후원해주는 이담Yidam은 수호존守護尊, 호법신護法神으로 번역할 수 있다. 밀종의 수행자들은 각자의 수행능력과 인연에 따라 이담에 귀의하여 이담의 수호와 보살핌을 받으면서 수행한다. 이담에 귀의하고자 하면 자격이 있는 스승으로부터 직접 허락을 받고 전수를 받아야 한다. 이담은 한자로는 관정식灌頂式으로, 비밀스러운 수행법의 사제 간 전수의식이라고 풀어서 설명할 수 있다. 이 의식은 각 이담에 따라 그 규모와 내용, 소요되는 기일 등이 모두 다르다. 각 이담들이 요구하는 계를 지키겠다는 서약을 하고 수행법을 전수받은 다음, 스승을 통해 그 이담의 특별한 힘을 내려 받는 과정으로 이루어진다. 몽골 밀종의 4단계의 명칭을 병기하고 각 단계에 속하는 이담들을 정리하여 보면 다음 표 7과 같다.

또한 밀종 다창의 딴뜨라의 가장 높은 단계인 제4단계의 해당 호법신

표 7 밀종의 4단계와 각 단계에 속하는 이담호법신들

딴뜨라 단계	한글	한자	몽골어	티베트어	산스크리트어	영어 번역	주력하는 범위
제1단계	딴뜨라	作密, 小作密, 雜密, 事續, 事部, 所作怛特羅	Жэжүд	bya rgyud	kriyā tantra	Action Tantra	바깥의 것
해당 호법신			시자관음보살四臂觀音菩薩(Ченресиг, Catrubhuja-Avalokiteśvara) 따리多羅(Дулма, Tara) 문수보살文殊菩薩(Манзшир, Жамьян, Mañjuśrī)					
제2단계	행 딴뜨라	行密, 行續, 行怛特羅, 二俱續, 事二俱瑜伽	жоджүд	spyod rgyud	caryā tantra	Performance Tantra	바깥의 것과 내면의 것
해당 호법신			불정존승모佛頂尊勝母(Жүгдорнямгялмаа, Uṣṇīṣvijayā) 백산개불모白傘蓋佛母(Дүрап, Sitāpatrā)					
제3단계	요가 딴뜨라	瑜伽密, 瑜伽續, 瑜伽怛特羅	Налжүлжүд	rnal 'byor rgyud	Yoga Tantra	Cohesive Tantra	내면의 것
해당 호법신			금강수보살金剛手菩薩(Очирваань, Чанадорж, Vajrapāṇi) 금강살타金剛薩埵(Доржсэмбэ, Vajrasattva) 무량수無量壽(Амитаюс, Amitāyus)					
제4단계	위 없는 요가 딴뜨라	無上瑜伽密, 無上續, 無上瑜伽部, 無上瑜伽 怛特羅	Лхамджүд	rnal 'byor bla na med kyi rgyud	Anuttara Yoga Tantra	Highest Cohesive Tantra	위의 세 가지가 존재하지 않음
해당 호법신			금강외모金剛畏怖(Доржжигджэ, Yamāntaka/Vajrabhairava) 시륜보살時輪金剛(Дүйнхор, Kālacakra) 승낙존勝樂尊(Дэмчүг, Heruka Cakrasaṃvara)					

이자 몽골 시륜 다창의 주요 수호신불인 시륜금강Kalacakra 을 그린 탱화는 그림 10과 같다.

그림 10 19세기 몽골에서 제작된 시륜금강 탱화(Carmen Meinert, 2011, Buddha in der Jurte – Buddhistische Kunst aus der Mongolei 2, HIRMER, München, p.352, 발췌)

다창을 중심으로 한 몽골 대장경 간행

몽골불교의 독자성을 보여 주는 가장 큰 업적으로 몽골어로 번역된 대장경을 꼽을 수 있다.

몽골불교사원에 미친 겔룩빠의 영향은 문헌적으로는 티베트 대장경과 깊은 관계가 있다. 17세기 몽골에 불교가 퍼지기 시작하던 시기에는 대부분 티베트의 교학과 밀교 경전을 그대로 가져온 경우가 많았지만, 18세기에는 대대적인 번역사업을 통해 몽골어 대장경이 간행되었다.

대장경의 분량을 소개하기 위해 부문별 구성을 기준으로 살펴보면 다음과 같다.

표 8 티베트 · 몽골 대장경의 구성

분류	품목명	부수
경전부經典部 Ганжуур(Ganjuur) bKangjur (Narthang판)	율부	13부
	반야부	21부
	화엄부	6부
	보적부	6부
	경부	30부 270장
	밀교부	22부 300장
논소부論疏部 Данжуур(Danjuur) bStan-'gyur (북경판)	A.예찬	1부 64장
	B.밀교 주석	86부 3055장
	C.경전 주석	137부 567장
	반야론	16부
	중관론	29부
	유가론	29부
	아비달마	8부
	기타 4부	4부
	계율론	16부
	문집	4부
	문법 외	43부

대장경은 경장經藏 · 율장律藏 · 논장論藏으로 나뉘는데, 붓다의 말씀을 적은 경장과 불제자들이 지켜야 할 계율인 율장을 불설부佛說部 · 경전부經典部인 간조르Ganjuur에 기록했고, 붓다의 말씀을 해석하여 정리한 논장을 논소부論疏部인 단조르Danjuur에 담았다.

부처의 말씀에 주석을 붙여 정리한 논서의 번역을 뜻하는 논소부를 몽골어로는 단조르, 티베트어로는 텐규르bStan-'gyur라 부른다. 단조르는 고대 인도 및 티베트의 학자들이 철학, 기술, 논리학, 의학, 언어학, 점성술, 무용, 시詩, 아비달마, 작문에 관해 저술한 3,427편의 작품을 모아 집대성한 작품이다. 내용 면에서 단조르가 불설부인 간조르보다 풍부하다. 간조르에는 포함되지 않은 고대 인도의 여러 철학적인 시, 희곡, 시학과 문체론, 언어학에 관한 글이 단조르에 실려 있다. 특히 단조르의 논장에는 번역사업부터 함께한 몽골과 티베트 승려들의 주석과 해석이 풍부하게 기록되어 있다.

1724년 칸의 칙령으로 티베트 단조르를 몽골어로 번역하기 시작했고, 1740년『몽골 단조르』가 완역되었다. 몽골어 단조르의 완성을 위해 활불 잔자 롤비도르찌Janjaa Rolbiidorji(1717~1786)의 지휘 아래 몽골 전역은 물론 티베트와 만주에서 135명의 승려와 번역가가 함께했으며, 163명의 목판 인쇄공이 힘을 모아 총 226권으로 제작되었다.

『몽골 단조르』는 두터운 중국제 황토색 종이에 붉은색의 천연 도료와 무려 6.1톤이 넘는 은을 사용해 기록되었다. 당시 은을 조달하는 비용만도 양 4,000여 마리의 값과 맞먹었다고 알려져 있다. 몽골 단조르는 가로 22.7cm, 세로 71.8cm로 경전으로서의 크기도 클 뿐만 아니라 분량 또한 107,839쪽에 이르는 방대한 양이다.

그림 11 몽골 국립도서관에 소장되어 있는 몽골 단조르의 모습

    몽골 대장경 목판의 간행과 청의 지지에 힘입어 몽골불교사원은 다창을 중심으로 수많은 불교 주석서와 번역서를 몽골어로 편찬했다. 몽골 대장경의 간행 전에는 경전을 범어나 팔리어로 볼 수밖에 없어 어려움이 많았으나, 대장경의 간행으로 몽골의 승려와 불자들은 몽골어로 경전을 읽을 수 있게 되었다.

    몽골 다창에서 대장경을 몽골어로 번역하는 과정을 통해 운문과 산문의 번역법, 사람과 사물의 이름을 번역하는 규칙, 시의 의미와 비유를 유지하는 방법 등 이론적 번역 지침이 성립되었다. 이 지침은 18세기 몽골어 번역법과 불교 문학은 물론 전반적인 학문이 크게 발전하는 계기가 되었다. 이러한 번역지식의 축적을 바탕으로 1748년 티베트어·몽골어 사전『메르게드 가라힌 오론Merged Garahyn Oron』이 간행되어 티베트어로 기록된 학술 용어의 몽골어 번역이 수월해졌다. 『메르게드 가라힌 오론』의

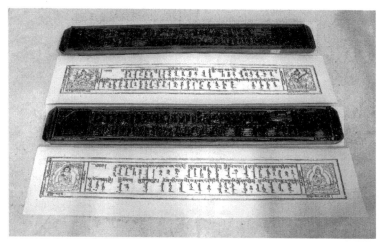

그림 12 『메르게드 가라힌 오론』의 목판 인쇄본(유네스코 지역 위원회)

수록된 티베트어–몽골어의 번역법은 실용적인 번역과 세밀한 지침으로 인정받는다. 이 사전은 운문과 산문의 번역상 차이점, 사람과 사물의 이름을 번역하는 방법, 번역하면서 시의 의미와 비유를 유지하는 방법 등을 자세히 다루고 있다. 이러한 내용은 18~19세기 몽골어 번역자들에게 이론적 지침이 되었으며, 방대한 티베트어–몽골어 대장경 번역 작업에 크게 기여했다. 『메르게드 가라힌 오론』의 번역 이론은 오늘날에도 여전히 유효하다. 이 사전은 전통몽골어 변화의 심층적인 연구를 위한 귀중한 자료로 사용되고 있다.

몽골 대장경의 간행은 당시 청의 영향력 아래 있던 몽골인들에게 민족적 자긍심을 심어주었다. 오늘날에도 몽골의 승려와 불자들에게 불심을 세우는 경전인 동시에 불교학과 전통 몽골어 연구에 중요한 자료로 전한다. 불교번역사에서 중국어와 티베트어에 이어 대장경이 완전하게 번역된 언어는 몽골어이다.

한편 몽골 대장경의 목판은 온전히 보전되지 못했다. 공산주의의 대대적인 불교 탄압이 있었던 1937년에 목판은 거의 사라졌지만 인쇄본 108권이 남아 있고, 목판 이전의 필사 원본 108권 중 70권이 몽골 국립도서관에 보관되어 있다. 필사본은 러시아 상트페테르부르크대학교 동양학도서관과 러시아 부리야트 공화국의 사회문화도서관에 있고, 인쇄본은 프랑스 파리의 국립중앙도서관과 중국 내몽골자치구의 후허하오터 중앙도서관에 소장되어 있다. 현재 몽골 단조르의 정본은 몽골 국립도서관에 보관되어 있는 판본이다. 몽골 단조르는 2011년 유네스코 세계기록유산으로 등재되어 그 가치를 다시금 인정받았다.

제 4 장

다창의 의학 교육과 질병 치료

다창의 의학 교육과 질병 치료

몽골 전통의학의 세 가지 학파

몽골 전통의학에도 학술적 사상을 달리하는 여러 유파가 생겨났다. 16세기에서 오늘날에 이르기까지 몽골의 전통의학은 크게 세 가지 유파로 나눌 수 있다. 그 하나는 몽골 전래의 전통의학을 고수한 몽골 고전의학파와 티베트 의학의 영향을 받은 티베트 의학파 그리고 이 두 개의 학파와도 구별되는 제3의 근대 몽골 의학파이다.

몽골 고전의학파는 몽골 전통의학이 크게 발전한 14~16세기의 전통의학 형성기를 거쳐 일관해서 고대 전통의학을 계승한 학파이다. 여기에 속하는 의사들은 몽골 특유의 전통적 치료법에 능통해서 특히 정골요법이나 외상 치료 같은 치료법은 물론 마유주와 유제품을 중심으로 음식으로 병을 고치는 식이요법, 안마, 광천수의 활용이나 약욕 등에 풍부한 경험을 가진 사람들이었다. 이들은 몽골인 고유의 전통의학을 계승·발전시켜 많은 업적을 남겼다. 이 유파에 속하는 대부분의 의사들은 샤먼이었다.

티베트 전통의학파에 속하는 의사들은 질병의 기초와 진단, 치료를

『사부의전 四部醫典』의 이론을 근거로 했다. 16세기 후반부터 『사부의전』이 몽골에 전파되면서 이를 따르는 의사들이 점차 늘어났는데, 『사부의전』의 이론과 경험은 몽골의 고전의학과는 차이가 나서 새로운 학파를 형성하게 되었다. 이들은 이론적 근거가 뚜렷했으며 학문적 수준도 높았다. 이 유파는 모두 승려들이었기에 『사부의전』의 이론에 능통했고 의학자가 많이 배출되어 티베트 의학서의 번역과 의학이론 발전에도 공헌했다.

이 두 학파 간에는 오래도록 논쟁이 계속되었지만 서로의 장점을 받아들이기도 했다. 티베트불교가 도입된 초기에는 샤머니즘와 겔룩빠 불교 사이의 힘겨루기가 있어 서로를 배척했다.

17세기 말부터 18세기 초에는 고전의학파와 티베트 의학파 외에 또 다른 학파가 생겨났다. 근대 몽골 의학파에 속하는 사람들은 『사부의전』의 이론이나 경험은 받아들이지만 이를 몽골의 독특한 자연조건이나 몽골인 생활양식 및 체질 같은 구체적 조건에 결합시킬 것을 주장했다. 따라서 예로부터 전해져온 몽골의 전통의학과 『사부의전』을 모두 중요시하는 입장을 취했다. 이들은 17세기 초부터 『사부의전』과 『의경팔지』의 이론을 유기적으로 흡수하고 몽골의 특수한 상황과 결합시키면서 몽골의 고전 의학에서 얻어진 풍부한 경험을 바탕으로 많은 책을 펴냈다. 이미 이 시기에 이르면 한의학 『본초강목』이 몽골어로 번역되어 한의학의 의료경험이나 약물학 지식도 부분적으로 흡수했다.

이런 세 가지 학파가 서로 영향을 주고받는 과정에서 근대 몽골 전통의학은 성장했고 19세기에 이르러서는 많은 의학자를 배출했다. 18세기 청해와 몽골지방의 유명한 의학자 이쉬발찌르 Ishbaljir 그리고 19세기 의약학자 롭상단잔짤창 Luwsandanzanjaltsan 등은 이 학파를 대표하는 의사들이었다.

의승의 양성과 교육: 만바다창

불교사원의 의승醫僧들에게 의술은 불가에서의 수행과 중생구제의 적극적인 실천이었다. 불교적 관점에서 바라본 인간의 몸과 정신의 치료, 질병과 해독에 대한 이해는 오늘날까지도 몽골 전통의학의 핵심을 관통하는 부분이다. 이러한 사상은 17세기부터 몽골의 만바다창에서 티베트, 인도 의학과 함께 접목되어 체계적으로 기틀을 잡게 되었다. 만바다창은 티베트어에서 의사를 뜻하는 'sman pa'를 몽골어로 음차한 단어로, 몽골 불교사원 내에 설치되어 의학 교육과 치료 및 약제 처방 등을 종합적으로 교육하는 의승 전문 양성 기관으로, 17~18세기 티베트와 몽골 의학의 핵심이었다.

만바다창은 자체적으로 일관된 조직 관리 체계를 갖추고 있었는데, 활불을 수장으로 다창의 수석 승려, 진료실 관리, 경전 담당, 약재 관리 등의 관리 인원이 있었다. 각각의 승려들은 주로 법회와 불교 의식, 교학, 계율, 약재 채취 등의 업무를 관리했다.

학습에 이용된 텍스트들은 주로 고대 인도 의학과 티베트 의학 및 몽골 의학에 관한 것이었으며, 주된 학습서는 『사부의전』이었다. 『사부의전』은 '여덟 갈래의 감로의 핵심에 대한 은밀한 가르침인 네 딴뜨라'로 직역된다. 『사부의전』은 티베트 전통의학을 기초로 하여 인도의 의경팔지醫經八支의 이론과 치료법을 받아들이고, 한족漢族의 의학을 부분적으로 수용하여 편찬한 의학전집으로, 서기 708년부터 833년에 걸쳐 8세기에 티베트어로 간행된 후 12세기에 부분적으로 개정되었다. 내용은 약사여래의 화신인 선인 의생意生. Yid las skye과 선인 지혜智慧. Rig pa'i ye shes의 문답으로, 총 156장章, 5,990게송偈頌으로 이루어져 있다. 『사부의전』은 근본의전根

本醫典, 논설의전 論說醫典, 요결의전 要訣醫典, 후부의전 後部醫典의 네 부분으로 구성되어 있다. 기초 수학과정의 초급반에서는 근본의전, 논설의전을 배우고, 중급반에서는 요결의전, 후부의전을 배우며 고급과정에서는 체계적으로 『사부의전』을 파악하는 동시에 몽골의 의승들이 주석한 주석 저작들을 학습했다.

겔룩빠 불교사원이 건립되기 시작하던 시기에 티베트에서 유학하고 온 몇몇 의승들을 시작으로, 만바다창에서는 후학들을 양성하기 위하여 의학서를 적극적으로 편찬했다. 17세기 초반에는 사부의전을 바탕으로 주해注解한 의학 교과서와 질병 진단법에 대한 교재, 지침서가 주를 이루었으며, 18세기에 들어서는 몽골지역의 약용식물에 대한 소개를 다룬 약제 사용법에 대한 해설, 환자의 식이법에 대한 체계, 해부도, 처방전 등에 대한 의서들이 발간되었다.

몽골의 의학 다창은 의학 연구와 의승교육 및 배출을 함께 담당하며 몽골 전 지역에 퍼졌고, 17세기 이후부터 20세기 초반까지 명실상부한 몽골의 전문의료기관이었다. 인도의 아유르베다의학과 티베트의 불교의학을 들여와 몽골 현지의 실제 사정에 근거하여 의약학을 발전시켰고, 당시 의학 다창의 승려들이 집필한 의서들은 현재까지도 몽골의 모든 의학대학에서 필독서로 전승되고 있다.

특히 롭상단잔짤창(1639~1704)은 17~18세기 몽골 전통의학을 한 단계 끌어올리는 역할을 했다. 롭상단잔짤창은 몽골 최고의 약왕藥王이라는 이름으로 추대받았으며, 동시에 문필가, 역법학자, 티베트 학자이자 할하 몽골의 첫 번째 활불이기도 했다. 그는 1646년 티베트의 세라Sera 사원의 의사였던 공가짜브Gungajav에게 사사받아 체계적으로 의·약학을 배우기 시작하여, 1655년 티베트 따씨휜뽀 사원에서 밀교와 수행 방법론, 역학,

문학 등 다방면의 지식을 공부했다. 몽골에 돌아온 롭상단잔짤창은 불교 사원에 만바다창을 설립해서 몽골 전통의학 교육 사업을 시작하였고, 몽골의 환경과 실생활에 근거한 의 · 약학을 발전시켰다. 티베트에서 저술된 인도와 티베트의 의 · 약학 서적을 주해하여 몽골에 전하고, 몽의학 이론의 정립에 토대를 구축했다. 그가 저술한 의약학 주요 저작에는 『근본 의전에 대한 설명과 해석의 밝은 등불』, 『질병 유형 경전 해석 전집』, 『사혈 瀉血과 한기寒氣를 제거하는 방법 및 접골 요법 전집』, 『25미味 방제方劑집』 등이 있다. 이 저서들은 현재까지도 몽골의 모든 의학대학에서 필독서로 전승되고 있다.

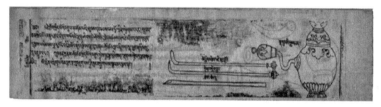

그림 13 롭상단잔짤창이 저술한 수술 도구 해설 서적 『지혜의 황금 열쇠Erdenii altan tulkhuur』 중 일부분

이쉬발찌르 Ishbaljir(1704~1788)는 그의 저서에서 몽골인들의 생활환경과 민간에 전승되는 독특한 치료 방법들을 바탕으로 설명하였으며, 질병에 대한 이해를 몽골 전통 이론 측면에서 정리하였다. 질병이 발생하는 근원적인 원인 6가지, 대표적인 질병 10가지, 오장육부에 대한 해설 20장, 처방전에 대한 이해와 그에 따른 진단법, 다양한 해독법에 대하여 기초적인 해설을 덧붙였다. 또한 상해와 상처, 관절의 탈구, 안구돌출, 골절 등의 치료 방법에 대하여 기존의 의학서적에서 다루지 않았던 방법들을 소개했다.

짬발도르찌 Jambaldorj(1792~1855)가 저술한 『몽약정전 蒙藥正典, Mongolin

emiin zuv tanikh toli 은 몽골 전통약재에 대해 체계적으로 분류한 3대 몽약서 중 하나로 꼽힌다. 본 책은 총 879종류의 약물을 삽화와 함께 수록하여 약물의 명칭, 생장환경, 형태, 채집시기, 포제 방법, 성미, 기능 등을 상세히 기술하였고, 정확한 명칭을 통한 약재 활용을 목적으로 하였다.

그림 14 짬발도르찌가 저술한 「몽약정전」 티베트어 목판본 내용 중 일부분

의학 다창이 설립되면서 티베트 의학과 몽골 전통 민간요법에 통달한 의승은 학승을 데리고 다니며 직접 임상 경험과 요령을 전수하였다. 병의 진단, 약재 식별, 약 처방, 뜸 요법, 사혈, 냉·온찜질, 온천욕, 약욕 요법, 아이락(마유주) 요법, 외상의 진단과 치료, 피부를 통한 치료법, 약제 도포와 부착 요법, 초식동물의 장기나 가죽에 열을 가하여 환부에 씌워 치료하는 방법, 약물을 바르는 요법, 소변 유도 방법, 장기 치료 요법 등이 주요 내용이었다. 의승들은 몽골의 환경과 유목생활에 대한 특징을 토대로 추위로부터 오는 질병을 예방하는 약의 구성을 기술하였으며, 약의 구성에 대한 지침서로 지금까지 전승되고 있다.

특히 말에서 낙상하는 경우가 잦은 유목생활에서 몽골인들은 뼈에 금이 가거나 탈골로 상해를 당하는 경우가 잦았는데, 몽골 전통 의사들은 이를 정확히 진단하여 정골整骨하고, 근육의 안마를 통해 환자의 회복을 도왔다. 또한 충격 요법과 밀교의 수행법, 축원 의식 등으로도 병을 치료했다.

몽골의 오토치 Otoch 는 불교의학 박사학위 소지자로, 현대의 의학 전문의에 해당한다. 유명 오토치는 의사로 활동하거나 왕공 활불의 전속 의사로 초빙되며, 제자를 받아서 의술을 전수하는 경우도 있었다.

1585~1920년 사이에 몽골 국내에 만바다창 Manba datsan 은 총 222곳이 있었다고 전한다. 규모가 큰 만바다창에서는 지금의 전문의 과정까지 교육했고, 소규모 만바다창에서는 주로 기본적인 의학 교육과 기초 질병 치료를 담당했다. 의승을 양성하던 만바다창은 203곳, 지금의 석·박사 학위에 해당하는 마람바 과정을 교육하던 만바다창이 148곳, 주술 치료 경전 및 진언 구렘을 체득하던 만바다창은 13곳이었다.

의승 양성과 전문의 과정, 주술치료인 구렘 과정에 대한 만바다창이 각각 설립되어 해당 과정을 전문적으로 교육했다. 특히 주술 치료를 했던 만바다창이 별도로 존재한 부분에서 의학 교육뿐만 아니라 불법佛法과 주술을 매개체로 한 환자 치료가 보편적이었음을 알 수 있다.

몽골 문화권에 두루 퍼진 만바다창의 건립은 몽골지역에 티베트 의학이 급속도로 전파되는 데에 결정적인 역할을 했다. 만바다창은 이미 체계적인 의학 교육과 운영 제도를 갖추었기 때문에 『사부의전』을 핵심으로 하는 많은 수의 티베트 의학 서적이 몽골 각지의 만바다창에서 조직적으로 전승될 수 있고 몽골에서 많은 의승을 배출할 수 있었다. 만바다창의 건립으로 인해 티베트 의학은 신속하게 기존의 몽골 전통의학과 융합되었으며, 더욱 발전된 양상으로서 몽골 민중의 주류 의학으로 자리 잡았다.

재해와 질병을 이겨내기 위한 불교의례: 참

티베트와 몽골의 질병 분류 의료 체계에서 불교적 관행을 통해 치료 가능한 것으로 간주되는 질병은 101가지이다. 이 중에는 악령이나 대지의 신에 의한 장애도 포함된다.

악령에 의한 질병을 치료하기 위해 일반적인 의식과 강력한 의식 두 가지 의식이 처방되었다. 일반적 의식에서는 5가지의 제물을 물의 신과 여러 신에게 바친다. 이쉬발찌르는 이와 관련하여 "영령으로 인한 장애를 치료하기 위해 제물을 바치고 5대 수호신의 만트라를 암송하라"고 주문했다. 독송의 효력이 없는 경우에는 만트라를 더 많이 외우고 불을 바치는 의식을 동반한 보다 강력한 의식을 수행해야 했다. 이러한 의식은 사악한 기운을 없애고 환자를 고통으로부터 구원하기 위해 행해졌다. 불교의례에서 쓰이는 불에 대한 몽골인들의 전통적인 믿음은 불이 불순물과 감염병 세포를 정화시키고 악령을 내쫓을 수 있다는 것이었다. 이러한 방법의 주술은 오늘날에도 몽골 일부 지역에서 전승되고 있다.

한편, 17세기부터 몽골지역에 널리 퍼진 불교의 영향으로 몽골의 무속적 치병의례는 불교사원으로 편입되어 불교의례의 양식으로 변화했다. 그 대표적인 유형이 불교사원에서 가면무극假面舞劇의 형태를 띤 참tsam으로, 19세기 전후로 몽골불교사원의 벽사의례인 참 의식이 유난히 성행했다. 청 지배기 몽골 법왕의 왕실에서는 사원을 중심으로 대대적인 참 의례가 거행되었다. 특히 벽사제의 辟邪祭儀 로서의 성격이 강했던 자하르 참 Jakhar tsam의 경우 1811~1937년 사이에 지금의 울란바토르 지역에서만 총 127회 연행練行된 것으로 전한다.

그림 15 에르덴 조 사원 앞에 참을 보러 모인 귀족들의 모습(19세기 말, X.Баасансурэн, 2011, Энх тунх эрдэнэ зуу, Позитив агентлаг, Монгол улс, p.92, 발췌)

의례 중 핵심 내용은 여러 불교의 수호신들의 복장을 한 등장인물들이 제단에 서르sor 와 링가linga 를 모셔놓고 인간 세상의 사악한 것들을 그곳에 모아 마지막 과정에서 불을 붙여 태워 보내는 것이다. 그 당시에는 주로 벽사 대상이 천연두를 비롯한 감염병이었던 것으로 보인다. 이러한 모습은 현재 전승되는 몽골의 후레 참에도 그 형식이 남아있다.

그림 16 몽골 참에 사용되는 서르의 모습

다창_몽골불교사원의 중심

서르는 밀가루와 버터로 만든 불교의례에 사용되는 제물인데, 참에서
는 참여한 승려들의 주문과 다라니를 통하여 악한 것들을 이곳에 모아 불
로 태움으로써 정화시키는 것을 말한다. 몽골 민간에서는 천연두에 걸렸
을 때 이것을 태워 보내는 의식인 '서르 잘라흐 Sor jalakh'를 주로 하는데 이
경우 서르는 한국의 천연두 치병굿인 손님굿에서의 식문과 매우 흡사하다.

그림 17 몽골 후레 참의 연행 모습

특히 참에서는 이러한 벽사적 성격을 강하게 띠는 가운데, 머리와 수
염이 흰 노인인 차강 어브겅 Tsagaan Uvgun이 중간에 등장한다. 몽골 민속
에서의 천연두를 관장하는 신의 호칭은 흰 부처라는 뜻의 차강 보르항
Tsagaan Burkhan으로 불린다. 참 의례에서도 이 두신痘神을 관장하는 신격
이 등장하는데 그가 바로 차강 어브겅이다.

그림 18 참 등장인물들의 사진. 오른쪽 흰 옷을 입고 수염이 긴 인물이 차강 어브겅이다(20세기 초).

차강 어브겅은 몽골불교사원의 신격들과 등장인물들 사이에 수용되어 흰 수염이 덥수룩한 노인의 모습으로 나타나는데, 그의 가면은 주름 가득한 대머리 이마에 하얗게 센 긴 눈썹과 길게 자란 흰 수염을 달고 소탈하게 웃는 모습이며, 흰색 델을 입고 목에는 염주를 걸었으며 호랑이 가죽무늬 신발을 신고 참에 등장한다. 차강 어브겅은 마당에 나와 바닥에 모로 누워 담뱃대를 물고 피는 시늉을 하기도 하고, 우스꽝스러운 춤을 추기도 하며 관람자들의 웃음을 자아내는 인물이다. 또한 마당 바깥쪽을 돌면서 관람객들에게 사탕을 뿌리며 재복을 빌어준다.

본디 차강 어브겅은 인간의 사망 후 현실 세계와 천상 세계의 사이를 이어주며 죽은 사람들을 인도해 주는 역할을 맡고 있다. 몽골 참에 등장하는 차강 어브겅은 몽골 샤머니즘의 영향을 받아 그 연장선에 나타나는 전통적 인물이기도 하다.

수명과 질병을 관장하는 이 차강 어브겅이 참에 등장하게 된 이유는 자연과 사람이 잘 살아갈 수 있는 방법을 단 한 사람 차강 어브겅에게만 가르쳐 주었기 때문이라고 전해진다. 아울러 구비문학과 민간 신앙에서 몽골인에게 대지와 수명 그리고 재복을 관장하는 다양한 성격을 가진 절대적인 힘을 가진 인물로도 나타난다. 아울러 몽골뿐 아니라 부리야트 지역, 볼가 강변의 칼묵 등 몽골인들의 거주지에서 차강 어브겅 숭배에 관한 기록을 확인할 수 있다.

그림 19 기도문에 나오는 차강 어브겅의 모습(빌터 하이시히 지음, 이평래 옮김, 『몽골의 종교』, 소나무, 2003, 158쪽)

그림 20 몽골 참에 등장하는 차강 어브겅의 모습

차강 어브겅은 사악한 정령들과 연대하여 악한의 머리 위에 100가지 악귀와 질병, 도적과 모략, 모든 상해와 악몽을 비처럼 내리게 하는 존재이기도 하다. 또한 "악한들은 배반당할 것이고 그들에게 유용한 것은 아무것도 없을 것이며 그들의 가축은 재난과 파멸을 맞이한다. 나는 그들에게 이러한 것들을 줄 것이다"라는 설명과 함께 차강 어브겅은 삶과 죽음을 주재하는 존재로 묘사되기도 한다. 뿐만 아니라 대지와 풍요를 관장하는 다양한 성격을 가지고 있는데, 몽골인들은 지금까지도 여러 가지 기도

그림 21 버터로 만든 불교 제단에 장식된 차강 어브겅의 모습

문과 구비문학, 일화 등을 통해 차강 어브겅에게 찬사를 보내고 있다. 또한 서몽골에서 유래하는 제문에서도 위와 유사한 기도 내용을 확인할 수 있는데, 이 중 질병을 사라지게 하는 기도문이 포함되어 있는 부분이 주목된다.

> 모든 생명체의 사백 가지 질병을 없애 주소서
> 무섭고 거대한 악귀와 악마를 부수는 흰 부처님 – 노인에게 깨끗한 공물을 바칩니다
> 303가지 슬픔을 박멸하는 81가지 불길한 조짐을 지우는
> 비방과 중상모략을 없애는

한편 바이칼호 주변의 부리야트 사람들은 차강 어브겅이 대지의 주인

으로서, 특히 흑黑 천연두나 홍紅 천연두 등 각종 천연두와 여러 가지 발열성 질병으로부터 사람들을 보호한다고 여겼다. 이러한 성격을 가진 차강 어브겅이 현재까지 불교사원에서 계승되는 후레 참에 주요 등장인물로 나타나는 것은 예부터 수명과 질병, 천연두의 발병을 관장하는 중요한 신격으로 여겼기 때문이라 유추된다.

몽골 민간신앙에 나타나는 차강 어브겅은 인간의 사망 후 현실 세계와 천상 세계의 사이를 이어주며 죽은 사람들을 인도해 주는 역할을 맡고 있다. 차강 어브겅은 다양한 성격 중 특히 수명을 관장하는 신격으로 여겨져 왔는데, 이 차강 어브겅의 캐릭터가 불교사원의 벽사의례인 참에 등장하게 된 이유 중 하나는 당시 천연두가 몽골인들의 생사에 큰 영향을 미쳤기에 이를 주술적으로 풀어 빌고자 하는 몽골인들의 소망이 투영된 것으로 보인다.

천문학과 역학, 점성학의 발전: 조르하인 다창

불교사원의 달력과 천문대

천문天文, 점성학占星學, 역법曆法 등의 과목을 학습하고 연구하는 학부인 조르하인 다창에서는 태양과 달, 별의 이동 위치, 행성의 자전, 그리고 인간과 자연, 지구의 상호관계를 알아내는 학문을 교육했다. 동 · 서양에서 17세기 이전까지는 점성술Astrology과 천문학Astronomy 그리고 천문학자와 점성가는 구분 없이 인식되었다. 점성학을 뜻하는 몽골어 조르하이Zurkhai는 '계산하다', '운명을 보다'라는 의미를 함께 갖고 있으며, 몽골 점성학자들은 천문학과 계산법의 통칭, 하늘과 계절에 담긴 하늘의 뜻을 이해하는 학문으로 여겼다.

　몽골인들은 예로부터 자연의 변화를 관찰하면서 점성학 지식을 축적해왔으며, 13세기부터 독립적인 과학으로 발전시켰다. 13세기에 중국의 음양오행을 바탕으로 한 역학曆學이 몽골로 유입되면서 학문적으로 발전되기 시작하였고, 16세기 후반 티베트불교의 몽골 전래로 인도와 티베트의 천문학을 받아들여 몽골지역에 적합한 천문 및 점성학, 역법을 구축하였다. 몽골의 천문역법 발전에는 조르하인 다창의 역할이 지대했다. 조르하인 다창에서는 티베트력 계산법을 도입하여 몽골 각 지역에 위치한 대형 다창을 기준으로 몽골력蒙古曆을 제작하여 배포하였으며, 몽골의 24절기를 계산하여 유목민의 일상에 필요한 정보를 제공하는 기준이 되었다.

　한편 몽골불교에서는 대우주의 구조와 활동, 태양과 달과 별의 이동과 시간이 경과하는 양식을 고찰하여 그에 대응하는 개인 존재의 시간을 제어함으로써 궁극적 실재와의 합일을 실현하는 것을 목표로 한다. 따라서 천문학·역학 기술이 딴뜨라의 본질적인 내용이라 여겼고, 딴뜨라 중 최고의 위치에 두었다. 시륜 딴뜨라는 반야般若 이치를 설명하고 진리와 지혜의 실현을 목적으로 삼았기에 티베트와 몽골불교의 밀교에서 중요하게 간주되는 수행법으로서, 대승불교 중관파의 사상 및 이론 체계가 서로 결합한 산물이다.

　조르하인 다창에서는 깔라짜끄라 관정灌頂과 만다라 제작 등을 통해 개인 존재와 신의 합일을 실현하려 수행하는 과정에서 역학과 천문학의 발전이 이루어졌다. 사원 안에 설립된 조르하인 다창에서 다양한 방식으로 점성학을 배운 점성 전문가들이 다수 배출된 것은 몽골의 천문학과 점성학, 역법을 발전시키는 데에 큰 역할을 했다. 조르하인 다창에서는 티베트식의 역법 계산 방식을 몽골지역에 맞게 변화 개선하는 방법을 연구하여 몽골의 역법으로 정착시키는 데 주력하였다. 이를 위해 주변 나라에서 저술된 주요 점성학 저서들을 활용하였는데, 이 과정에서 인도, 티베트, 중국의 저서들을 몽골어로 정확히 번역하기 위해 여러 몽골어 방언에 적합한 이론을 정립하고, 난해하고 다양한 명칭을 정리하는 작업이 진행되었다. 그 대표적인 예로 롤비도르찌 Rolbiidorj(1688~1763)의 지휘 아래 여러 고승들이 공동으로 집필하여 1742년 발간한『메르게드 가라힌 오론 Merged Garakhin Oron』사전을 들 수 있다. 이 사전에는 인도, 티베트, 중국의 별자리와 시간, 점성학 계산 방법을 각각 설명하고, 몽골 사조학詞藻學의 관점에서 각 관련 명칭을 모두 해설하고 번역 이론을 소개하였다. 이『메르게드 가라힌 오론』에 기술된 내용은 오늘날까지도 몽골어 번역 이론의 지침서로 활용되고 있다. 점성학 관련 저서들의 발간은 결과적으로 몽골의 점성학과 천문학, 수학數學 등의 발전뿐만 아니라 사조학과 번역 이론의 체계화에도 크게 기여하는 결과를 가져왔다.

몽골의 점성학은 백白점성학, 흑黑점성학, 황黃점성학과 점성의학占星醫學, Medical Astronomy로 크게 분류하여 볼 수 있다.

천문학을 뜻하는 백점성학은 몽골어로 차강 조르하이 Tsagaan zurkhai라는 명칭을 가진다. 백점성학은 인도에서 티베트를 통해 몽골로 유입되었으며, 태양과 별, 달의 이동을 근거로 태양의 12자리[宿], 별자리의 28수二十八宿, 5행성의 이동을 예측하고 일식과 월식의 관계를 계산하는 점성법이다. 백점성학은 세부적으로 황도黃道, ecliptic의 28궁과 달의 이동을 계산하는 방법과 황도의 28궁을 태양의 이동과 비교하여 계산하는 방법으로 구분된다.

흑점성학 혹은 원소元素점성학이라 불리는 하르 조르하이 Khar zurkhai, 마흐보딘 조르하이 Makhbodin zurkhai 는 중국에서 발전한 음양오행陰陽五行

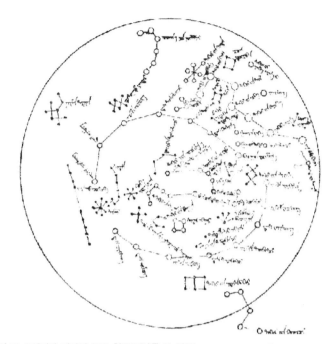

그림 22 18세기에 제작된 몽골 천궁도天宮圖 중 일부(Д.Мөнх-очир, 2006, 『Монгол зурхайн түүхэн товчоон』, Улаанбаатар, p.29.에서 발췌.)

에 대한 역학을 일컫는다. 목木 · 화火 · 토土 · 금金 · 수水 오행의 상생相生과 상극相剋, 합合, 충冲에 대한 관계를 계산하는 법으로, 인간의 일생, 즉 출생과 성장, 결혼과 죽음, 길흉화복과 풍수이론, 일진 등을 알아볼 때 사용되었다.

역법을 뜻하는 황점성학은 몽골어로 샤르 조르하이Shar zurkhai로 부르며, 중국의 황력黃歷을 가져와 몽골화시킨 것을 말한다. 오행에서 황색이 가리키는 요소가 흙[土]이며, 이는 음양오행과 점성학의 중심을 뜻한다고 해석했다. 몽골인들은 중국의 책력 계산 방식을 도입하였으나, 그 기후와 시간이 몽골과 맞지 않아 오류와 편차가 심해 몽골력을 제작하였다.

그러나 몽골인들은 책력 冊曆을 도입하였을 때의 황력의 중국어 발음 황리 huáng lì의 음가를 차용해서 불렀다.

점성의학 占星醫學, Medical Astronomy은 몽골어로 엠넬긴 조르하이 Emnelgiin zurkhai라 부르며, 몽골 전통의학의 3대 요소인 히 khii, 샤르 shar, 바드간 badgan과 점성학의 4대 원소인 지 地 · 수 水 · 화 火 · 풍 風과 오행의 요소를 이용하여 음양의 변화로 질병을 진단하는 방법을 연구하는 학문이다. 지 · 수 · 화 · 풍의 4대 원소는 고대 생리학의 체액설에서 말하는 흑담즙 黑膽汁 · 점액 粘液 · 담즙 膽汁 · 혈액 血液과 각각 상응하며, 질병은 인체 조직 내에서 이들의 균형이 깨어져 나타난 결과로 인식하였다. 몽골 전통의학에서는 이러한 4대 원소와 오행을 기준으로 인체와 질병을 관찰했다. 간은 나무[木], 심장은 불[火], 비장은 흙[土], 폐는 금[金], 신장은 물[水]에 각각 해당한다고 여기며, 이러한 오행과 오장 五臟이 사람마다 어떠한 구조와 상관관계를 가짐으로써 질병을 야기하는지를 진단하였다. 따라서 몽골 전통의학의 원리 이해를 위해서는 점성의학의 공부가 필수적이었으며, 서로 뗄 수 없는 관계에 있었다.

몽골뿐만 아니라 해당 민족의 문명에 있어 천문학과 점성학은 오랜 역사를 가지고 있다. 몽골의 다창에서는 별자리의 이동을 활용하여 시간을 측정하고, 계절을 확인하여 유목 생활의 기준이 되도록 하였다. 또한 별자리와 행성의 이동 및 변화가 사람의 건강, 성격, 행동에 어떠한 영향을 미치는지에 대하여 연구하고, 사람이 현실세계와 어떻게 조화롭게 살아가야 하는가에 대한 지침을 다양한 저서를 통해 설명했다. 천문역법 다창에서 저술된 역학서는 대부분 필사본으로, 티베트어와 몽골어로 기록되었다.

17세기까지는 인도, 티베트 역학자들이 기존에 저술한 책을 번역한 저서들이 상당수를 차지했지만, 시간이 지나면서 몽골의 승려들은 몽골의 지리에 맞춘 별자리와 이동경로 공식을 자세히 기록하였다. 일식과 월식을 계산하는 공식을 만들고, 기타 행성들의 이동 경로 계산법을 제작해서 배포했다. 이 외에도 음양오행에 대한 역학을 몽골초원의 특징에 맞추어 설명했다. 이렇게 20세기 초반까지 천문역법 다창을 중심으로 한 다양한 천문학 저서가 발행되었다.

우주의 생성과 운행에 대한 관심은 인간의 공통성과 다양성을 연구하고 해석하려는 노력으로 이어졌고, 각 지역의 다창 위치를 기준으로 몽골력蒙古曆이 제작되었다. 이는 실용적 학문연구의 산물로서 몽골인들의 유목생활에 큰 도움이 되었으며, 다창이 해당 지역사회에서 종교·교육기관으로서의 기능뿐만 아니라 일상생활 전반에 영향을 미치고 있었음을 확인할 수 있는 부분이다. 당시 다창에서 발간된 저서들은 태양과 달, 별자리의 이동경로 계산법을 해설하여, 다창의 학승뿐만 아니라 당시 몽골인들에게 천문 지식을 전달하고 유목생활에 실질적인 도움을 주었던 것으로 평가된다.

제 5 장

오늘날 몽골불교사원

오늘날 몽골불교사원

몽골불교는 대승불교로, 종단이나 종파에 대한 구분이 뚜렷하지 않으며 티베트불교의 겔룩빠의 체제를 따르고 있다. 몽골불교에서는 부처님의 가르침에 대해 인도 나란다 대학의 법맥을 아티샤가 티베트에 전했고, 쫑카빠가 불교 통합을 했다고 여기기에 겔룩빠를 단순하게 어느 한 종파로 여기지 않는다.

몽골불교를 흔히 라마불교라고도 말하는데, '라마'라는 뜻은 덕과 지혜가 높은 스승을 가리키는 것이다. 영어로 라마이즘Lamaism 이라는 단어도 있지만 샤머니즘과 밀교, 티베트불교와 몽골불교를 구분하지 못한 옛 여행자들이 뭉뚱그려 소개한 것으로 보인다. 때문에 라마불교라는 단어는 몽골불교를 정확하게 가리키는 말로 적절하지 않다.

몽골 승려들의 공양

대부분의 몽골 승려들은 사원 내에 상주한다. 수행에 매진하는 승려들이 있고, 신도들을 위해 상담과 독경을 하거나 기도를 올리는 등 각자 역할을 분담해 사원을 운영한다. 사원 밖에서 거주하는 승려들도 있다. 몽골의 승려들은 결혼을 하여 가정을 꾸리는 경우도 많고, 독신으로 지내는 경우도 있다. 기혼 승려에 대한 몽골의 사회적 인식은 자연스럽다.

몽골 승려들은 탁발을 하지 않고 사찰에서 공양을 하는데, 연 평균기온이 -2.9°C로 농사를 짓기 어렵고 목축을 하는 몽골의 자연환경상 육식을 허용한다. 몽골 사원에서는 하루 세 끼 소식小食 공양을 원칙으로 하고 있다. 또한 비구계를 수지한 승려의 경우, 대부분 오후 불식을 하며, 육류를 대신해 건포도밥 등을 먹는다.

몽골의 음식은 크게 유제품인 차강 이데Tsagaan idee와 육류인 올랑 이데Ulaan idee로 나뉜다. 몽골 유목민들은 가축을 기르며 유목생활을 해왔기 때문에 여름철에는 가축의 젖으로 다양한 유제품을 만들어왔다. 몽골의 승려들도 이 전통을 따라 음식을 취하지만, 최대한 계율에 맞추려 노력한다. 스님들은 특히 사냥한 고기나 술, 마늘 등을 먹지 않도록 유의한다. 스님들이 자주 공양하는 하얀 음식의 종류는 다양한데, 건포도밥인 브레스brees, 우유밥인 수테보다suutei budaa, 각종 유제품 등이 대표적이다.

브레스는 몽골인들이 설날이나 장례식 등 중요한 날, 육식을 하지 않거나 육식을 하기 전에 의식적으로 공양하고 먹는 음식이다. 몽골어로 차강Tsagaan은 흰색이라는 뜻으로, 흰 음식을 먹는 이유는 모든 것이 눈처럼 깨끗하고 상서로워야 한다는 의미가 담겨 있다. 특히 부처님오신날 등 육식을 금하는 날에 흰 음식을 지켜서 먹는다. 몽골사람들은 전통적으로 육식을 하지만, 여름철에는 겨우내 쌓인 독소를 정화시키기 위해 유제품을 특히 많이 섭취한다.

수테보다는 몽골인들이 즐겨 먹는 음식이다. 쌀을 잘 씻은 다음 물을 부어 밥을 하다가 쌀이 익으면 우유를 넣고 살짝 끓인 후 소금으로 간을 맞춘다. 그릇에 담은 뒤 버터를 올려주면 완성된다.

공양간에서는 몽골인들이 가장 즐겨 먹는 납작 군만두인 호쇼르 Khuushuur, 찐만두인 보쯔 Buuz 등을 밥과 채소로 만들어 먹기도 한다. 최근 들어서는 육류 대체식품을 많이 사용하게 되었는데, 특히 콩 섭취량이 늘어나고 있다.

몽골 사찰에도 스님들의 공양간이 별도로 마련되어 있는데 법회에 참여하는 모든 이의 공양물을 준비한다. 스님들이 직접 공양을 짓기도 하고, 재가불자들이 스님들에게 공양을 올리기도 한다. 재가불자들이 각자 집에서 준비한 공양물을 스님들에게 올리는 것은 몽골인들에게 자연스러운 의식이다. 주로 돌아가신 분들이 다음 생에 복을 받길 기원하며 스님들에게 공양을 올리면서 보시를 하는 게 일반적이다. 이외에도 어린이집과 고아원 아이들, 일반인들에게 음식을 나눠 주는 보시도 행한다.

몽골불교에서는 안거를 언제든지 할 수 있지만 대부분의 스님들은 몽골의 날씨 때문에 하안거를 한다. 안거나 명상수행을 할 때는 식사량을 최대한 줄이고 하얀 음식만을 소량 섭취하는 것을 원칙으로 한다.

스님들은 부처님오신날과 법회가 열리는 날, 음력으로 매월 8 · 15 · 30일에는 육식을 금하고 하얀 음식을 섭취한다. 부처님오신날에 스님들은 '산목숨을 죽이지 말라', '남의 물건을 훔치지 말라', '삿된 음행을 저지르지 말라', '진실하지 않은 말을 하지 말라', '술을 마시지 말라', '꽃다발을 쓰거나 몸에 향을 바르고 구슬로 된 장식물을 하지 말며, 노래하고 춤추지 말

라', '때 아니거든 먹지 말라', '높고 화려한 소재로 만들거나 가죽으로 만
든 침상에 눕고 앉지 말라' 등 팔재계八齋戒를 지킨다. 특히 '때 아닌 때에
먹지 말라'는 계는 오후 불식을 지키라는 의미이다. 신도들도 이날은 세속
의 생활을 버리고 팔재계를 지키며 하루를 수행자처럼 보낸다.

몽골불교의 독경 문화

    몽골의 불교사원에서 부처와 불보살의 가피를 청하고 질병을 이겨내
기 위한 목적으로 현재까지 가장 널리 독송되는 다라니는 능엄주楞嚴呪이
다. 능엄주의 원래 명칭은 '마하살단다반달라Mahā-sita-ātapatra'로, 이를 풀
이하면 크나큰 백산개大白傘蓋, 즉 흰 비단으로 덮개를 만든 천개天蓋로
해석된다. 몽골에서는 이 뜻 그대로 번역하여 능엄주를 흰 양산(우산)이라
는 뜻의 '차강 슈흐르트Tsagaan shukhert'라 부르며, 본존本尊인 백산개보살
白傘蓋菩薩의 명호와『능엄경』, 능엄주를 구분하지 않고 차강 슈흐르트라
통칭한다.

    몽골의 국보이자 유네스코 세계기록유산인『간조르Kangyur』14권의
426면에는 능엄주에 대한 내용이 언급되어 있는데, 능엄주,『준제다라니
경准提陀羅尼經, Nogoon dari ekh』,『반야심경般若心經』세 다라니를 염송하여 정
진하면 장애를 소멸하고 공덕이 있다고 기술되어 있다. 몽골 승가에서는
이 세 가지 다라니를 일컬어 '고르왕 구렘Gurvan gurem'이라 이르는데, 몽골
에서 능엄주를 포함한 고르왕 구렘 독송이 널리 퍼진 것은 자나바자르가
사원과 승려들에게 이 세 다라니 염송에 정진할 것을 주문하면서부터였
다고 전한다. 이러한 전통을 이어 현재 몽골불교사원의 법회와 아침예불

에서는 반드시 고르왕 구렘을 독송하는데, 능엄주-『준제경』-『반야심경』의 순서를 지킨다.

『녹타라경綠陀螺經』인『준제경』은 준제다라니의 염송법과 준제관음보살准提觀音菩薩의 공덕을 설한 경전이다. 준제는 산스크리트어 춘디 Cundi 의 음역으로 존제尊提라고도 쓴다. 준제관음보살은 심성의 청정함을 찬탄하는 이름으로, 부처의 어머니 또는 보살의 모성과 자비를 뜻한다. 몽골에서 독송하는『준제경』의 원래 경전 명칭은『불설칠구지불모준제대명다라니경 佛說七俱胝佛母准胝大明陀羅尼經』이다. 구지俱胝란 고대 인도의 수數 단위로 억을 가리키는데 칠구지는 곧 7억이라는 말로, 무량무한대의 의미로 보았다.『준제경』은 무량무한대의 불모佛母 준제관음보살이 자식을 포기하지 않는 어머니의 마음처럼 중생의 재난을 없애고 수명을 연장시켜주며 지식을 구하고자 하는 소원을 이루어준다는 뜻을 가진다. 몽골에서는 이를 너겅 다리 에흐 Nogoon dari ekh 혹은 돌마 Dolma라 부르는데,『준제경』의 본존인 녹색 타라보살을 가리키는 이름으로도 통칭한다.

『반야심경』의 공덕에 대해 세속의 이익과 출세간의 해탈이 동시에 존재하고, 이것이 대승불교의 수행임을 밝힌 것은『대반야경』9권에서 "과거의 모든 붓다들은 이 대명주를 수지하고 아뇩다라삼먁삼보리를 얻었다"라고 설한 데서 알 수 있다.『반야심경』은 반야바라밀prajñāpāramitā의 본질이 곧 크고 밝은 주문이므로, 반야경을 일상에서 늘 잊지 않고 염송하면 본래 갖추고 있는 위대한 지혜에 이르며 여러 가지 재해를 모면할 수 있다고 설명한다. 또한『반야심경』을 주석한『대지도론』권58에서 용수龍樹는 반야바라밀다의 주呪와 다른 주술을 구분하여 설한 바 있다. 그가 반야바라밀의 주술적 기능과 외도의 주를 구분한 것은 대승불교 교단에서 세속적 목표에 너무 치우치는 것을 경계하기 위한 것이며, 염송을 통해 해탈과 중생구호라는 불교 본래의 목표를 밝힌 것이다.

반야바라밀다의 내용을 응축한 『반야심경』은 몽골에서 부처의 즉설卽說 주문으로서의 위력을 지니며, 이승은 물론 내세에도 가피를 입는다고 신앙되어 능엄주, 『준제경』과 함께 널리 독송된다.

몽골의 불교사원과 불교신자들에게 다양한 경전과 다라니 독송을 통한 신앙이 있으나, 17세기 자나바자르가 능엄주, 『녹타라경』, 『반야심경』의 '고르왕 구렘' 독송에 정진할 것을 설파하면서 몽골지역에서는 이 세 가지 다라니가 가장 널리 염송되었고, 이 중에서도 능엄주가 가장 중요하면서도 강력한 다라니로 인식되었다.

현재 몽골의 승려들은 산스크리트어 발음을 티베트어로 적은 경문을 그대로 암송한다. 능엄주의 경우 한국에서는 산스크리트어의 한역본을 한글로 표기하여 독송하는데, 몽골의 능엄주와 다소 발음이 다르게 들리는 부분이 있으나 그 내용은 같다.

몽골에서는 관세음보살본심미묘육자대명왕진언觀世音菩薩本心微妙六字大明王眞言인 '옴마니반메훔' 염송이 예부터 공덕이 높은 진언으로 신앙되어 왔다. 교의적敎義的인 탐구나 격식을 갖춘 수행의 체계화보다는 일반 서민을 중심으로 생활 속에서 진언을 외우는 것만으로도 마음의 안정을 찾고 이익을 얻게 된다고 여겨졌기에 승가에서 권장되어온 진언이다. 재가신도들의 수행방법은 진언의 염송, 사경, 수지受持 등 보통 세 가지로 구분하는데, 이 가운데 염송의 공덕을 으뜸으로 여기며, 이는 몽골에서도 마찬가지이다. 몽골에서는 대표적인 육자진언인 '옴마니반메훔'과 『준제경』에서 발췌한 녹타라보살의 진언인 '옴 다레 두다레 두레 소하' 염송은 불보살의 명호를 부르는 칭명염불과 함께 대중적으로 암송된다.

신심이 깊은 불자들이 능엄주 등을 직접 독송하기도 하지만 숙련되지 않으면 한번에 암송하기에 어렵기에 몽골에서는 독경을 사찰이나 승려 개인에게 요청하는 모습을 흔히 볼 수 있다. 몽골 울란바토르의 간단사나 다쉬초일링 사원, 하르호린의 에르덴 조 사원에서는 독경을 위한 접수처가 별도로 있는데, 코로나 유행을 지나면서 대면 접수가 어려워지는 상황에 맞추어 모바일 앱과 웹페이지를 운영하고 있다. 독송 기도 요청자의 이름과 성별, 태어난 해와 전화번호를 입력하면 올해 어떤 기도와 독경이 필요한지 안내하며, 본인이 원하는 기도와 경전을 선택하고 시주금을 내면 그 다음날 사원의 승려들이 예불에서 그 사람의 이름을 명호하며 독송하는 절차이다.

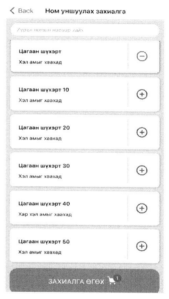

그림 23 다쉬초일링 사원의 독경 주문 모바일 페이지

몽골에서는 불자가 아니더라도 큰 일을 앞두고 있거나 시비, 구설에서 벗어나고 싶을 때, 몸이 아플 때 사원에 찾아가 독경을 청하는데, 이러한 독경 주문 시스템은 현재 몽골 사원을 운영하는 가장 큰 수입원이 되고 있다. 독경 가운데 가장 많은 주문율은 고르왕 구렘으로 대표되는 능엄주, 『준제경』, 『반야심경』이며, 이 중 능엄주인 차강 슈흐르트가 가장 많은 사랑을 받는다. 때문에 다른 많은 경전과 달리 능엄주 독송은 횟수를 별도로 지정해서 요청할 수 있음을 간단사, 다쉬초일링 사원, 에르덴 조 사원의 웹페이지에서 확인할 수 있다.

몽골의 대표 사원

몽골을 대표하는 사원으로는 몽골에서 가장 큰 규모의 간단텍칠링 사원과 가장 오랜 역사를 가진 에르덴 조 사원을 꼽을 수 있다. 몽골을 대표하는 다섯 곳의 사원을 소개하면 다음과 같다.

간단텍칠링 사원

간단텍칠링 사원 Gandantegchilin khiid (약칭 간단사)은 몽골불교의 중심이자 불교 철학의 중심지로 수천 명의 승려들이 수학하였으며, 모든 종교를 탄압하였던 20세기 초 사회주의 시기에도 소비에트 연방에 의해 1944년 다시 문을 열어 1990년 체제전환까지 존재한 몽골의 유일한 불교사원이었다.

간단사의 경우 주전主殿이 건립되기 이전 이미 몽골국 영내 최초의 현종 다창인 다쉬초임벨 Dashchoimbel 다창이 설립되어 있었다. 1838년 5세 젭준담바는 당시 수도 영역으로 잠식해 들어오는 상인들을 피하기 위해 이흐 후레의 서쪽 언덕에 있던 현종철학 다창을 지금의 울란바토르 자리인 이흐 후레로 옮겨 새로운 사원을 설립하였다. 몽골인들에게 '간단사'는 쫑카빠와 그가 티베트에 창건한 간댄 사원을 직접적으로 지칭하는 것이었으며, 19세기 초 이흐 후레에서 겔룩빠의 우세를 시사하는 것이다. 1838년 젭준담바는 이흐 후레의 간단사에서 자신의 세력을 보장받기 바랐고, 이로 인해 사원 안에는 그의 겨울 궁전이 건설되었다. 이흐 후레의 동쪽의 몇몇 승원들과 현종 다창인 다쉬초임벨 다창과 공가초일린 Gungachoilin 다창, 밀종 다창인 이드가초이잔링 Idgaa Choizalin 다창, 그리고 퇴마주술을 주로 담당하였던 바담여고 Badamyogo 다창이 간단사로 이전했으며, 그 후로 몽골에서 불교 교리와 밀교 딴뜨라 수행 및 학습에서 최상급 단계의 핵심 기관이 되었고, 몽골불교의 총본산으로서 명망을 떨치게 되었다.

간단사는 현재 몽골불교의 중심으로서 그 역할을 수행하고 있으며, 몽

그림 24 간단텍칠링 사원의 멕찌드 잔라이식 다창Megiid Janraisig Datsan과 내부 관세음보살(24m)의 모습

다창_몽골불교사원의 중심

그림 25 간단텍칠링 사원 앞의 스투파와 마니차摩尼車(윤장대 또는 몽골어로 후르드)

제5장 오늘날 몽골불교사원

골불교미술 중흥과 불교대학 중건, 역경사업과 불교포교의 현대화에 힘쓰고 있다.

에르덴 조 사원

에르덴 조 사원Erdene zuu khiid은 몽골 최초의 불교사원이자 몽골제국의 옛 왕궁 터에 지어졌다는 점에서 몽골 역사에서 중요한 위치를 차지한

그림 26 에르덴 조 사원의 스투파 불탑과 전각 모습

다. 칭기즈칸의 21대손인 아브타이 사인칸Abtai sain khaan(1554~1588)의 지시로 1585년 에르덴 조 사원에 중앙 전각이 지어졌는데, 당시 사원 공사에는 옛 궁궐의 부속 재료를 사용한 것으로 알려져 있어 몽골불교사와 건축사에서 차지하는 의의가 크다. 에르덴 조 사원은 1760년부터 증축 및 재건되기 시작하여 1808년부터 본격적인 확장공사가 이루어졌다. 중건 이후 에르덴 조 사원의 외벽(400×400m)은 108개의 불탑으로 이루어졌으며, 내부는 60여 개소의 전각에 천여 명의 승려들이 수학하는 거대한 사원의 모습을 갖추게 되었다. 전각들은 대부분 티베트와 만주 양식으로 지어졌지만, 전각의 위치와 방향 배치는 몽골의 전통방식을 따랐다.

1938년 공산주의의 불교계 탄압으로 사원의 건축물 상당수가 파괴되었다가 1965년경 박물관으로 용도를 달리했다. 1990년대부터는 다시 불교사원으로서의 기능을 회복했다. 에르덴 조 사원은 유네스코 문화유산에 등재되어 있는 '오르혼 계곡 문화 경관' 구역에 포함되어 있다.

아마르바이스갈랑 사원

아마르바이스갈랑 사원Amarbayasgalant khiid은 몽골 셀렝게 지역 부렌칸 산 기슭에 위치한 대규모 사원이다. 1725년 청나라의 강희제姜熙齊의 명으로 몽골 최초의 활불인 자나바자르Zanabazar를 기리기 위해 지어져 1736년에 완공되었다.

18~19세기 아마르바이스갈랑 사원에는 6,000여 명의 승려가 있었고, 의학, 역법, 람림 등의 다창과 유치원도 설립되어 있었다. 매년 6월 27일에는 마이다르 의례와 참의식이 대규모로 거행되었다. 현재 아마르바이스갈랑 사원에는 28개소의 전각이 있다. 1937년 불교 대탄압 때 파괴되었다가 1943년 국가 지정보호를 받게 되었고, 1988년에 복원 작업이 시작되

그림 27 아마르바이스갈랑 사원의 전경과 불상 모습

어 지금에 이른다.

현재 아마르바이스갈랑 사원은 여름에 대규모 법회와 참의식을 거행하여 몽골의 불교신도들에게 복을 받는 사원으로 다시 추앙받고 있다.

만주쉬링 사원

만주쉬링 사원Manzushirin khiid은 몽골 중부 지방의 종모드Zuunmod시 중심에서 북동쪽으로 8km 지점 해발 1,800m 고도의 낙엽송 숲 가운데에

그림 28 만주쉬링 사원의 모습

위치한다. 만주쉬링 사원은 1733년 만주시르의 첫 번째 화신이라 불리는 롭상잠발단잔Luvsanjambaldanzan의 지도 아래 설립되었다. 20세기 초 만주쉬링 사원에는 500명이 넘는 학승이 있었고, 경전 제작으로 명망이 높았다. 1907년에는 2,460만 냥의 금과 은으로 사경한 대장경을 제작하였다. 1937년 대탄압으로 만주쉬링 사원은 파괴되고 승려들은 체포되어 대부분 사형을 선고 받았으며, 사원의 보물과 경전들은 압수되어 울란바토르로 옮겨졌다. 경전들은 현재 몽골국립도서관에 보관되어 있다.

현재 만주쉬링 사원은 유적을 재건하여 옛 명성을 되찾기 위해 힘쓰고 있다.

하마링 사원

하마링 사원Khamarin khiid은 도른 고비 아이막 어르겅 솜에 위치하며 1821년 설립되었다. 1930년까지 13개소의 다창과 22개소의 도강, 대형 불탑과, 11개소의 숨이 있었던 하마링 히드는 1938년에 모두 불타고 터만 남게 되었다. 1990년 하마링 사원의 람림, 사낙텍첼린 등의 불전이 복원되었고, 1994년 사원의 터를 관할 도에서 문화보호구역으로 지정하였다.

하마링 사원을 설립한 단잔랍짜Danzanravjaa(1803~1856)는 19세기 중엽의 승려이자 시인, 극작가였다. 몽골인들에게 흔히 고비의 영주라는 뜻의 고빈 노용 호탁트 또는 랍짜로도 불린다. 그는 몽골 최초의 악극인 〈사랑 허허니 남타르(달부엉이의 생애)〉를 제작하여 하마링 사원의 다창에서 공연했다. 그가 세운 하마링 사원은 연극과 음악, 미술의 중심이었고, 단잔랍짜는 사원 내부에 연극을 공연할 수 있는 별도의 부속 건물과 무대를 설치하여 〈사랑 허허니 남타르〉를 매년 공연하였다. 불교사원 내부에 별도의 악극 공연시설이 있었다는 것은 19세기 말엽 몽골 사원의 근대 문화 향유

와 발전을 보여주는 대표적인 예로써 단잔랍쨔가 다창 안에서 교육받는 승려뿐만 아니라 지역 사회의 민중의 포교와 교화에도 힘썼음을 알려준다.

　현재 하마링 사원은 몽골인들에게 '에너지 센터'가 있는 곳으로 불리며 에너지를 정화하고 영적인 기운을 얻을 수 있는 영험한 사원으로 알려져 있다.

나가며

몽골불교사원에 부설된 다창은 17~19세기 몽골지역 신앙을 기반으로 하며 몽골 전통 교육 체계의 큰 축을 담당하였다. 사원의 승려들은 다창을 통해 구도求道와 함께 다양한 저작활동을 하여 교육인이자 지식인으로서의 역할을 수행하였다. 청대 몽골지역사회의 종교·문화적 토대 위에 형성되어 교육기관으로서 전승력을 확보하고 있던 다창은 몽골의 시대적 변화에 따라 대부분 소멸하였고, 현재는 일부 승가대학과 의과대학 형태로 기능을 유지하고 있다.

이 책의 내용은 17~19세기 몽골불교사원에서 승려들이 무엇을 어떻게 공부하였는지, 사원의 다창에서는 어떠한 교육과 연구가 이루어졌고, 그 결과물이 현대 몽골인들에게 어떠한 영향을 미치고 평가 받는지에 대한 의문으로 시작되었다. 다창은 몽골불교와 사원, 승려와 해당 지역문화의 관계를 이해하는 데 있어 중요한 열쇠로, 전통적·불교적 교육 방식을 다각도에서 살펴볼 수 있는 대상이다.

몽골에서 17~19세기 불교의 전파와 소통을 담당했던 사원은 몽골인들의 공동체를 형성하고 결집시키는 공간이었다. 당시 사원에서는 집단적 종교의식과 교육·예술·문화 공연·축제 등이 어우러지며 몽골인 고유의 복합적 활동 공간이 형성되었다. 몽골과 청 조정의 겔룩빠 불교에 대한 전폭적인 정치적 혹은 경제적 지원이 있었기에 이 시기 다창에서 여러 학문이 신속하게 성장할 수 있었고, 당시 사회적 조건과 몽골인의 굳건한 신앙심은 학문적 융성과 다창의 번영을 불러왔다.

겔룩빠 불교가 몽골에 전파되던 시기에 사원 교육의 중심은 대부분 티베트 출신 또는 티베트에서 유학한 학승들이 맡았지만, 시간이 지남에 따라 몽골인들 중에서도 뛰어난 불교 학자들과 고승이 다수 배출되었다. 이러한 몽골의 학승들은 불교 철학과 의술, 역법과 천문, 문학, 예술 등 다방면의 학문에서 두각을 나타내었다. 또한 당시 고승들이 남긴 다양한 학문 분야의 저작과 업적은 현대 몽골인들의 문화유산으로 전해져 오고 있다.

몽골 각 지역마다 있었던 다창을 졸업한 지식인들은 전문 지식과 교양을 갖춘 승려로 불리며 티베트어와 몽골어로 저작을 남기고 다방면에서 활약했다. 특히 다창에서는 기본 불교철학에 대한 교과과정 외에도 전통 몽골어를 교육하고, 티베트어로 쓰인 경전과 해설들을 몽골어로 번역하는 법을 학승들에게 가르쳤다. 철학, 의학, 논리학, 역법, 문학, 어학을 아우르면서 종교와 문화, 과학 등 전 방면에서 방대한 저작을 몽골어로 남기고, 몽골어 번역문학의 시대를 열었다. 다창의 확산은 18세기 이후 철학을 비롯한 의학 및 다양한 예술분야의 고른 발전을 이끄는 데 중요한 역할을 했다.

19세기 중반부터 20세기 초반까지 몽골불교가 최고 번영기를 누리면서 다창의 분과도 점차 세분화되었다. 그중에서도 조르하인 다창은 천문과 역법, 번역, 음악, 공예, 연극 등 실용학문과 예술을 교육하여 다창이 종합학교로서의 기능을 구축하는 데 큰 역할을 했다.

의학과 역법 다창에서는 몽골지역의 환경과 기후에 적합하도록 만든 몽의학서와 각 지역의 다창을 기준으로 한 몽골력蒙古曆이 제작되었다. 이는 실용학문의 경우 티베트 다창의 이론과 학습법을 수용하여 몽골화되었음을 확인할 수 있는 부분이다. 18~19세기 다창에서 발전되어 학문적 이론의 기틀을 마련한 몽골 전통의학과 몽골역학은 현재까지 전승되고 있다. 의학 분야에서는 몽골지역의 약초 및 약재와 조제법, 수술 도구와 수의학에 이르기까지 다양한 몽골 전통의학서가 간행되면서 의학지식의 축적과 발전이 가속화되었다.

17~19세기 몽골의 다창은 현종, 밀종, 시륜, 의학, 천문역법 다창 등의 분과로 나뉘지만 그 학습내용에 있어서는 긴밀한 연계성을 가진다. 특히 의학 다창의 학승들은 점성학의 이론을 숙지하여야 인간의 생리生理와 질병진단법을 통달할 수 있었고, 천문역법을 배우는 학승들도 기본적으로 인체에 대한 지식이 축적되어야 점술학습을 할 수 있었다는 점이 두드러진다. 이는 티베트에서의 일방적 전승이 아니라 몽골 토착문화의 발전과 외래문화의 자국화가 함께하는 부분이다.

17~18세기 몽골지역사회의 종교 · 문화적 토대 위에서 형성된 다창은 19세기에 확장 및 정착되는 양상을 보였다. 이후 20세기 초반 청으로부터의 몽골 독립 후 약 10여 년간 폭발적으로 승려의 수가 증가하였다가 1938년 사회주의 전환과 함께 사원과 다창은 모두 폐쇄된다. 몽골 다창은 티베트불교 유입 이후 몽골 사회의 구심점으로서 교육과 문화, 경제에 큰 영향력을 가지고 있었지만, 청대 위정자들의 대對 몽골 정책과 1930년대 사회주의 종교탄압 등 정치와 시대변화에 휩쓸릴 수밖에 없었던 한계점을 갖는다. 1990년 민주주의 전환 후 몽골의 불교문화는 어지러운 국제정세 속에서 전환기를 맞게 되었다. 현재 몽골 다창은 손에 꼽을 수 있을 정도로 적어진 듯하지만, 승가학교로서의 기능과 몽골 전통의학학교로서

의 기능을 중심으로 전승되고 있다.

이 책에서 몽골의 불교와 전통교육 양식은 티베트나 청淸 문화의 영향 아래 형성된 하부 문화라는 시각에서 벗어나, 동일한 가치의 다양한 문화양상이 공존한다는 것을 확인하고자 하였다. 이러한 실증적 작업을 통해 그간 단편적인 시도에 그쳤던 몽골 내 전통교육의 관점을 넓히고, 역사 혹은 종교계에 국한되었던 연구 영역을 확장하는 데에 의의를 찾고자 한다. 17~19세기 몽골 다창에 대한 본 연구는 향후 티베트불교 문화권의 각 민족과 지역의 문화를 비교하는 데에 도움이 되리라 생각한다.

앞으로 20세기 초반 다창의 몰락이유와 폐쇄 과정, 그리고 1990년대 이후 몽골불교사원의 부활과 새로운 전승 양상에 대해서 꾸준히 공부하려 한다. 또한 교육기관으로서의 면모 외에도 다창이 가지고 있던 종교적·사회적·경제적 기능 등 다양한 각도에서의 연구와 함께 현대를 살아가는 몽골인에게 불교민속이 생활속에서 가지는 의미에 대한 조사가 과제로 남아있다. 아울러 몽골불교와 달라이 라마와의 관계, 몽골불교와 전통신앙의 융화에 대해서도 장기적으로 살펴보아야 할 부분이다. 이를 위해서는 티베트불교문화권의 불교사원에서 다창이 차지하는 비중과 위상을 다각적으로 검토하고, 지역과 종파宗派, 대형 사원과 활불 간의 상호관계 등에 대한 논의가 이루어져야 할 것이다.

참고문헌

▶ 원전자료

Arban buyan-tu nom-un Čaɣan teüke.

Eldeb keregtü qaš qaɣarčaɣ-un ariɣusqal aribjiɣulalta-yin qoos bičig orusibai

▶ 국문 저서

강톨가 (2010), 『몽골의 역사』, 김장구 · 이평래 옮김, 동북아역사재단.

고마츠 히사오 외 (2010), 『중앙 유라시아의 역사』, 이평래 옮김, 소나무.

국사편찬위원회 편 (2007), 『불교 미술, 상징과 염원의 세계』, 두산동아.

그룸 그르지마일로 (2008), 『몽골과 오랑캐 유목제국사』, 김기선 · 조혜경 옮김, 민속원.

김장구 역 (2015), 『역주 몽골 황금사』, 동북아역사재단.

김호동 (2016), 『아틀라스 중앙유라시아사』, 사계절.

다나카 기미아키 (2010), 『티베트 밀교 개론』, 유기천 옮김, 불광출판사.

대원사 티벳박물관 (2005), 『티벳의 밀교미술』, 붓다기획.

돌고룬 체데브 (2003), 『몽골불교사』, 체데브 다그미트마 옮김, 불교정신문화원.

룬둡소빠 (2008), 『티베트불교문화』, 지산 옮김, 지영사.

르네 그루쎄 (1998), 『유라시아 유목제국사』, 김호동 옮김, 사계절.

마츠모토 시로 (2009), 『티베트불교철학』, 이태승 · 권서용 · 김명우 · 송재근 · 윤종 갑 옮김, 불교시대사.

박원길 (2001), 『유라시아 초원제국의 샤마니즘』, 민속원.

박환영 (2008), 『몽골의 유목문화와 민속 읽기』, 민속원.

빌터 하이시히 (2003), 『몽골의 종교』, 이평래 옮김, 소나무.

심혁주 (2011), 『티베트의 활불(活佛)제도』, 서강대학교출판부.

야마구치 즈이호·야자키 쇼켄 (1990), 『티베트불교사』, 이호근·안영길 옮김, 민족사.

요리토미 모토히로 외 (1994), 『밀교의 역사와 문화』, 김무생 옮김, 민족사.

유기천 편저 (2002), 『인간의 점성학 I-命』, 정신세계사.

이성규 외 (2005), 『17世紀 蒙文年代記의 蒙古語 硏究』, 네오출판사.

이안나 (2010), 『몽골 민간신앙연구』, 한국문화사.

이찬희 외 (2007), 『몽골의 교육현황 및 발전과제』, 한국교육개발원.

이치란·한정섭 (2012), 『중앙아시아불교』, 불교정신문화원.

전경욱 (2007), 『한국 가면극과 그 주변 문화』, 월인.

정승석 (1989), 『佛典解說事典』, 민족사.

중앙아시아학회 엮음 (2006), 『실크로드의 삶과 종교』, 사계절.

허정 (1996), 『세계 전통의학 기행』, 보건신문사.

허정 (1997), 『아시아 전통의학을 찾아서』, 한울.

후쿠나가 카츠미 (1975), 『불교의학상설』, 홍원식 옮김, 의약사.

▶ **국문 논문**

김경나 (2016), 『17~19세기 몽골 불교사원의 다창 연구: 교육기관으로서의 기능을 중심으로』, 단국대학교 일반대학원 박사학위 논문.

김경나 (2023), 「몽골불교의 능엄주(楞嚴呪; Цагаан шухэрт) 독송(讀誦)과 특징」, 『몽골학』72, 한국몽골학회.

김경나·이성규 (2015), 「17~18세기 몽골 전통의학 교육기관 만바다창 연구」, 『白山學報』102, 白山學會.

김경나·이성규 (2016), 「19세기 몽골 다창의 교학제도와 분포」, 『몽골학』45, 한국몽골학회.

김성수 (2004), 「티벳불교권의 형성과 淸朝藩部支配體制」, 『명청사연구』22, 명청사학회.

김성수 (2006), 「티벳 전통사회에서의 사원과 "티벳불교 문화권"의 형성 -겔룩 교단 사원의 내륙아시아 傳敎를 중심으로」, 『몽골학』21, 한국몽골학회.

김성수 (2008), 「五世달라이라마 北京行의 배경과 17세기 내륙아시아 네트워크」, 『명청사연구』29, 명청사학회.

김성수 (2009), 「活佛轉世제도와 근세 내륙아시아」, 『몽골학』27, 한국몽골학회.

김성수 (2012), 「내륙 아시아 불교 세계와 "묀람첸모(smon Lam chen mo)"」, 『몽골학』

32, 한국몽골학회.

김성수 (2013), 「17世紀初滿蒙關係와 內陸아시아 –만주–호르친, 몽골 관계를 중심으로–」, 『中國史研究』 82, 中國史學會.

류병재 (2015), 「티베트불교의 몽골 전래와 오늘날의 몽골불교」, 『白山學報』 102, 白山學會.

이평래 (1997), 「십선복경법(十善福經法, Arban Buyantu Nom–un Cayaja)의 분석 –16~18세기 몽문법전 연구를 위한 시론–」, 『중앙아시아연구』 2, 중앙아시아학회.

차상엽 (2006), 「티벳불교의 수행체계와 그 특징」, 『인문과학논집』 15, 강남대학교 인문과학연구소.

Demberel Duinkharjav (2023), 『몽골불교 승가교육에 끼친 Lam rim의 영향 연구』, 동국대학교 일반대학원 박사학위 논문.

▶ 외국 저서

Carmen Meinert (2011), Buddha in der Jurte–Buddhistische Kunst aus der Mongolei 2, HIRMER, München.

Krisztina Teleki and Richard R. Ernst (2013), Analysis of a Unique Painting Presenting Gandantegchenlin Monastery in Ulaanbaatar around 1850, Zentralasiatische Studien, 42.

Б.Ариунзул, Р.Алтансүх (2012), Дандар Аграмба Төв үзлийн гүн ухаантан, Монгол Улсын Шинжлэх Ухааны Академи, Улаанбаатар.

Б.Базар (2008), Эрдэм ухааны орон болсон хүрээ хийдүүд, Улаанбаатар.

Б.Болдсайхан (2003), Төвдийн анагаах ухааны эртний түүх, Улаанбаатар.

Б.Ринчен (1964), Монгол бичгийн хэлний зүй, Тэргүүн дэвтэр, Улаанбаатар,

Б.Эрдэнэсувд, П.Баярцэцэг (2009), Монголын сүм хийдийн түүхэн товчоон, Шинжлэх Ухааны Академийн хэвлэх газар, Улаанбаатар.

Буддын шашин соёлын тайлбар толь (1999), Монгол Улсын их сургууль, Улаанбаатар.

Г.Гонгоржав (2008), Монголчуудын эрдэм ухааны уламжлал, Улаанбаатар.

Д.Бүрнээ·Д.Энхтөр (2004), Монголын бурханы шашны түүхэн сурвалж : Төвд хэлт сурвалжийн орчуулга, тайлбар, түүхийн он цагийн хэлхээс, Улаанбаатар.

Д.Бямбасүрэн, Г.Бямба (2011), Газар, лусын эзний тахилга хийгээд малчин ардад чухал хэрэгтэй сахиус тарниудын тайлбар, Бишрэлт хэвлэх үйлдвэр, Улаанбаатар.

Д.Гонгор (1970), Халх товчоонI, Шинжлэх Ухааны Академийн хэвлэх үйлдвэр, Улаанбаатар.

Д.Гонгор (1978), Халх товчоонII, Шинжлэх Ухааны Академийн хэвлэх үйлдвэр, Улаанбаатар.

Д.Дэмбэрэлдорж, Э. Равдан (2009), Бурханы шашны нэрийн тайлбар толь, Монгол улсын их сургууль, Гадаад хэл соёлын сургууль, Нэр судлалын төв, Улаанбаатар хот.

Д.Ёндон (1980), Төвд монголын уран зохиолын харилцааны асуудалд, Улаанбаатар.

Д.Мөнх-очир, (2006), Монгол зурхайн түүхэн товчоон, Улаанбаатар.

Д.Цэрэнсодном (1997), Монголын бурханы шашны уран зохиол, Улаанбаатар.

Ж.Алтайбаатар, Монгол дахь шашин шүтлэгийн өнөөгийн байдал, Философи, эрх зүйн судлал XXVII боть (2012),

Ж.Болдбаатар (1995), Далай ламын монгол багш, Улаанбаатар.

Ж.Өлзий (1997), Монголын сүм хийд, Улаанбаатар.

Жигмэд (2002), Монгол анагаах ухааны түүх, Монголын шинжлэх ухааны техник мэргэжлийн хэвлэлийн хороо.

Зопа Ринбүүчий ламтан 著, Ц.Хатанбаатар 譯 (2008), Оточ манал бурханы зан үйл оршвой, Улаанбаатар.

Зураг зүйн газар (1990), Улаанбаатар Хотын Атлас Улсын Геодези, Улаанбаатар.

И.М.Майский (2005), Орчин үеийн Монгол Автономит Монгол XX зууны гараан дээр, Улаанбаатар.

Л.Болд нар (2008), Монгол Хэлний Дэлгэрэнгүй Тайлбар Толь, Монгол улсын Шинжлэх Ухааны Академийн Хэл Зохиолын Хүрээлэн, Улаанбаатар хот.

Л.Галбаабадраа (2010), Монголын уламжлалт арга заслууд, Тоонотпринт ХХК, Улаанбаатар.

Л.Дамдинсүрэн (2010), Монголын уламжлалт бурханы шашин, Улаанбаатар.

Л.Түдэв (1992), Монголчууд дүлий байсан гэжүү, Улаанбаатар.

Л.Тэрбиш (2011), Сүмбэ Ишбалжирын өөрийн намтар оршвой, Bibliotheca Oiratica, Улаанбаатар.

Л.Хүрэлбаатар (1989), Сонгодог уламжлал монгол яруу найраг, Улаанбаатар.

Л.Хүрэлбаатар (2002), Судар шастирын билиг, Улаанбаатар.

Ламын гэгээн Лувсанданзанжанцан (1999), Улаанбаатар.

Лувсандамбын Дашням (1999), Монгол нутаг дахь түүх соёлын дурсгал, Улаанбаатар.

Лувсанданзанжанцан. mkhan chois kyi rgyal po'i gsung 'bum las bshal ba'i sdom lta bu byas pa dang grang ba 'joms kyi sbyor ba bdud rtsi bcad 'byor gyi sbyor ba zug rngu dungs byin pa rnams bzhugs so.

Лувсанданзанравжаа Академи Данзанравжаа Музей өвөрбаясгалант хамарын хийд (2014), Халхын долоодугаар ноён хутагт Агваанлувсандамбийжалцан, Улаанбаатар.

Монгол Улсын Ерөнхийлгөчийн Тамгын Газар (2009), Монголын сүм хийдийн түүхэн товчоон, Улаанбаатар.

Монголын Урлагийн Зөвлөлийн Соёлын Өвийн Хөтөлбөр (2007), Монголын сүм хийдийн түүхэн товчоон, мэдээлэл-ярилцлага.

Н.Балжинням (2008), Монгол хэлний гадаад үгийн толь, МУИС-МХСС, Улаанбаатар.

О.Дагвадорж (2004), Уламжлалт боловсролын тогтолцоонд монгол дацангийн гүйцэтгэсэн үүрэг, Улаанбаатар.

О.Сүхбаатар (1997), Монгол Хэлний Харь Үгийн Толь, Улаанбаатар.

Оточ маарамба дээд сургуулийн 20 жилийн ойд зориулсан уламжлалт анагаах ухаан эрдмийн чуулган (2011), Улаанбаатар.

П.Гантуяа (2015), XVI-XX зууны Монголын сүм хийд, эрдэмт мэргэд, Улаанбаатар.

П.Лхам, Ж.Ерөөлт (2012), Монголын бурханы шашны аман түүх, ADMON ХХК, Улаанбаатар.

П.Хорлоо (1981), Монгол дууны яруу найраг, Улаанбаатар.

Р.Бямбаа (2005), Занабазарын дөрвөлжин үсэг, Арвай принт, Улаанбаатар.

С.Гансүрэн (2011), Монголын шашны тайлбар толь, Улаанбаатар.

С.Гомбожав (1959), Монголчуудын төвд хэлээр зохиосон зохиолын зүйл,

Улаанбаатар.

С.Гомбожав (2005), Монголчуудын түвд хэлээр зохиосон зохиолын зүйл, Улаанбаатар.

С.Пүрэвжав (1961), Хувьсгалын өмнөх их хүрээ, Түүх эдийн засгийн найруулал, Улаанбаатар.

С.Шагдарсүрэн (2000), Монгол улсын боловсролын түүхийн товчоон, Улаанбаатар.

Т.Булган (2010), Буддын философийн дэвтэр, Улаанбаатар.

Тагнуулын Ерөнхий Газар Тусгай Архив (2014), Монголын сүм хийдийн түүхээс, Улаанбаатар.

Х.Баасансүрэн (2011), Энх тунх эрдэнэ зуу, Позитив агентлаг, Монгол улс.

Ц.Ишдорж, Х.Пүрэвтогтох (2001), Монголын түүх, соёл, түүх бичлэгийн судалгаа III, Интерпресс хэвлэл, Улаанбаатар.

Ц.Түмэн-Өлзий (2010), Монгол лам нарын туурвисан төвд хэлт эмийн судрын тойм, Лам нарын сэтгүүл, Улаанбаатар.

Ч.Баавгай, Б.Болдсайхан (1990), Монголын уламжлалт анагаах ухаан, Улаанбаатар.

Ш.Бира (2001), Монголын түүх, соёл, түүх бичлэгийн судалгаа III, Олон Улсын Монгол Судлалын Холбоо, Улаанбаатар.

Ш.Болд (2006), Монголын уламжлалт анагаах ухааны түүх-дөтгөөр боть1578 оноос 1937 он хүртэл, Улаанбаатар.

Ш.Сонинбаяр,ed. (1995), Гандантэгчэнлин хийд, шашны дээд сургуулийн хураангуй түүх Цагаан лавайн дуун эгшиг хэмээх оршвой, Улаанбаатар.

Ш.Чоймаа· Л.Тэрбиш, Д.Бүрнээ (1999), Буддын шашин соёлын тайлбар толь - буддын судлал цуврал II, Улаанбаатар.

Э.Саруул·Д.Нацагдорж (2011), Монгол оронд 'Манба дацан' үүсэн хөгжсөн түүх ба эмч бэлтгэдэг уламжлалт сургалтын онцлог, Mongolmed 49.

Я.Ганбаяр, Н.Төмөрбаатар (2003), Монголын уламжлалт анагаах ухааны онолын үндэс, Улаанбаатар.

『蒙古学百科全书』, 编辑委会 宗教卷 编辑委会 编著 (2007), 『Mongol sudulul-un nebterkhi toli - Šasin surtaqun蒙古学百科全书–宗教卷』蒙文, 内蒙古人民出版社.

다창

몽골불교사원의 중심

초판 발행   2024년 10월 23일

지 은 이   김경나
펴 낸 이   김성배
펴 낸 곳   도서출판 씨아이알

책임편집   신은미
디 자 인   윤현경 엄해정
제작책임   김문갑

등록번호   제2-3285호
등 록 일   2001년 3월 19일
주   소   (04626) 서울특별시 중구 필동로 8길 43(예장동 1-151)
전화번호   02-2275-8603(대표)
팩스번호   02-2265-9394
홈페이지   www.circom.co.kr

I S B N   979-11-6856-262-2   93220